電気製品《でんきせいひん》の歴史《れきし》

家庭《かてい》で使《つか》う電気製品《でんきせいひん》も、ここ数十年《すうじゅうねん》で大《おお》きく進化《しんか》した。昔《むかし》はテレビもこんなに大《おお》きく、分厚《ぶあつ》かったんだ。

いうガラス管《かん》の発光《はっこう》で画像《がぞう》を映《うつ》すしくみで、当時《とうじ》は「総天然色《そうてんねんしょく》テレビジョン」と呼《よ》ばれていた。

写真提供／パナソニック株式会社

有機《ゆうき》EL《イーエル》テレビ

▲有機《ゆうき》ＥＬという現象《げんしょう》を利用《りよう》した最新型《さいしんがた》のテレビは、壁《かべ》にかけられるくらい薄《うす》くて軽《かる》い。そして、超高画質《ちょうこうがしつ》！

写真提供／エポック社

日本初《にほんはつ》の家庭用《かていよう》テレビゲーム

▲1975年《ねん》にエポック社《しゃ》が発売《はつばい》した日《に》本初《ほんはつ》の家庭用《かていよう》テレビゲーム機《き》「テレビテニス」。画面《がめん》の中《なか》で左右《さゆう》に動《うご》くボールを打《う》ち合《あ》うテニスの対戦《たいせん》ゲームだよ。

最新《さいしん》の家庭用《かていよう》ゲーム

▶段《だん》ボール製《せい》の工作《こうさく》キットでさまざまなコントローラーを自作《じさく》できる「Nintendo Labo《ニンテンドー ラボ》」。2017年《ねん》に発売《はつばい》されたNintendo Switch《ニンテンドー スイッチ》と組《く》み合《あ》わせることで多彩《たさい》な遊《あそ》びをすることができる。

写真提供／任天堂株式会社

未来《みらい》の電話《でんわ》

▲未来《みらい》の電話《でんわ》は、電話機《でんわき》すら必要《ひつよう》がなく、自分《じぶん》の腕《うで》や空間《くうかん》に浮《う》かび上《あ》がる画面《がめん》を操作《そうさ》するようになるかもしれない。何年《なんねん》か後《あと》には、スマートフォンではなく、このスタイルが主流《しゅりゅう》になっているかも!?

黒電話《くろでんわ》

◀1990年前後《ねんぜんご》までは、多《おお》くの家庭《かてい》に設置《せっち》されていた。今《いま》のようなプッシュ式《しき》ではなく、ダイヤルを回《まわ》して電《でん》話《わ》をかけるしくみだよ。

電《でん》気《き》がひらく未《み》来《らい》

電《でん》気《き》を使《つか》った技《ぎ》術《じゅつ》で、今《いま》、さまざまなことが可《か》能《のう》になろうとしている。未《み》来《らい》の社《しゃ》会《かい》は、どんな姿《すがた》になるんだろう？

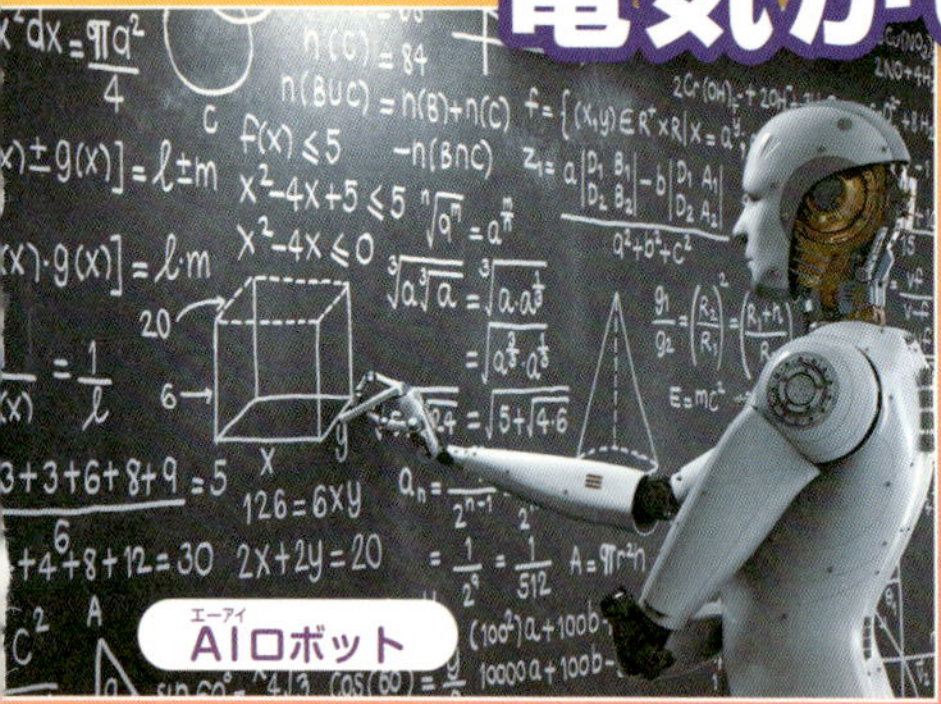
AI《エーアイ》ロボット

▲搭《とう》載《さい》されている人《じん》工《こう》知《ち》能《のう》（ＡＩ《エーアイ》）の性《せい》能《のう》が飛《ひ》躍《やく》的《てき》に向《こう》上《じょう》し、ロボットはどんどん優《ゆう》秀《しゅう》になっている。いつかは人《にん》間《げん》を超《こ》えてしまうとまでいわれているんだ。

写真提供／株式会社木田屋商店

植《しょく》物《ぶつ》工《こう》場《じょう》

▲先《せん》進《しん》的《てき》な技《ぎ》術《じゅつ》を導《どう》入《にゅう》した完《かん》全《ぜん》閉《へい》鎖《さ》型《がた》の植《しょく》物《ぶつ》工《こう》場《じょう》「GreenLand《グリーンランド》 富《ふ》士《じ》工《こう》場《じょう》」。LED照《エルイーディーしょう》明《めい》による光《ひかり》や、温《おん》度《ど》、湿《しつ》度《ど》、培《ばい》養《よう》液《えき》、風《かぜ》の流《なが》れなどをデータ化《か》して制《せい》御《ぎょ》することで、衛《えい》生《せい》的《てき》な野《や》菜《さい》を安《あん》定《てい》して育《そだ》て、出《しゅっ》荷《か》することができるんだ。

写真提供／東京女子医科大学先端生命医科学研究所

スマート治《ち》療《りょう》室《しつ》
SCOT

▲東《とう》京《きょう》女《じょ》子《し》医《い》科《か》大《だい》学《がく》にあるスマート治《ち》療《りょう》室《しつ》「Hyper《ハイパー》 SCOT《スコット》」。いくつもの大《おお》型《がた》ディスプレイとロボットが設《せっ》置《ち》されている。手《しゅ》術《じゅつ》室《しつ》内《ない》のあらゆる情《じょう》報《ほう》を機《き》械《かい》同《どう》士《し》で共《きょう》有《ゆう》することで、より正《せい》確《かく》で安《あん》全《ぜん》な手《しゅ》術《じゅつ》が期《き》待《たい》されている。

自《じ》由《ゆう》視《し》点《てん》映《えい》像《ぞう》
リアルタイム配《はい》信《しん》
au 5G

▲次《じ》世《せ》代《だい》移《い》動《どう》通《つう》信《しん》システム「５Ｇ《ファイブジー》」とVR映《ブイアールえい》像《ぞう》作《さく》成《せい》の技《ぎ》術《じゅつ》を活《かつ》用《よう》した事《じ》例《れい》。球《きゅう》場《じょう》のどこにいても、好《す》きな視《し》点《てん》からリアルタイムでスポーツを楽《たの》しむことができる。　写真提供／KDDI

自《じ》動《どう》で採《さい》寸《すん》してくれる
ボディースーツ
ZOZOSUIT

写真提供／
株式会社ZOZO

◀全《ぜん》体《たい》に約《やく》300～400個《こ》のドットマーカーが施《ほどこ》された採《さい》寸《すん》用《よう》ボディースーツ「ZOZOSUIT《ゾゾスーツ》」。これを着《き》てスマートフォンのカメラで360度《ど》撮《さつ》影《えい》すると、体《からだ》のサイズを測《はか》ってくれる。服《ふく》を買《か》ってみたけれど寸《すん》法《ぽう》が合《あ》わなかった、ということもなくなりそうだ。
※2020年《ねん》現《げん》在《ざい》、配《はい》布《ふ》終《しゅう》了《りょう》

ドラえもん科《か》学《がく》ワールド

DORAEMON KAGAKU WORLD

電《でん》気《き》の不《ふ》思《し》議《ぎ》

ドラえもん科学《かがく》ワールド

―電《でん》気《き》の不《ふ》思《し》議《ぎ》―

もくじ

この本《ほん》について

この本《ほん》は、ドラえもんのまんがを楽《たの》しみながら、「電気《でんき》」について学《まな》ぶことができる、おもしろくてためになる本《ほん》です。

みなさんは、ふだん何気《なにげ》なく使《つか》っている電気《でんき》が、どのようにつくられて、どのように家《いえ》まで届《とど》けられているかを知《し》っていますか？ また、おもちゃに使《つか》われている電池《でんち》や、電気製品《でんきせいひん》についている電源《でんげん》コードやプラグに、どのように電気《でんき》が流《なが》れているのか、知《し》っていますか？ この本《ほん》では、そうした電気《でんき》の基《き》本《ほん》のほか、電気《でんき》がどのように私《わたし》たちのくらしを支《ささ》えているか、電気《でんき》の力《ちから》がこれからの社会《しゃかい》をどう変《か》えていくかなどを紹介《しょうかい》していきます。

家《いえ》の中《なか》を暖《あたた》かくしたり涼《すず》しくしたり、食《た》べ物《もの》を冷《ひ》やしたり温《あたた》めたり、テレビやパソコンで楽《たの》しい動画《どうが》を見《み》たり……。このように私《わたし》たちの生活《せいかつ》を快適《かいてき》で、豊《ゆた》かなものにしてくれているのも、すべて電気《でんき》の力《ちから》によるものです。こうした便利《べんり》なくらしをこれからも続《つづ》けていくには、電気《でんき》を大切《たいせつ》に使《つか》っていくことも考《かんが》えなくてはなりません。電気《でんき》の特性《とくせい》やしくみを知《し》り、これを正《ただ》しく使《つか》っていくための知識《ちしき》を身《み》につけてもらうことが、本書《ほんしょ》の目的《もくてき》です。

※特《とく》に記述《きじゅつ》がないデータは、2018年《ねん》3月《がつ》現在《げんざい》のものです。

「ウルトラスーパー電池《でんち》」を使《つか》えばだいじょうぶ。
これを入《い》れると……。
ひゃあ、明《あか》るい。

大《おお》あばれ、手作《てづく》り巨大《きょだい》ロボ

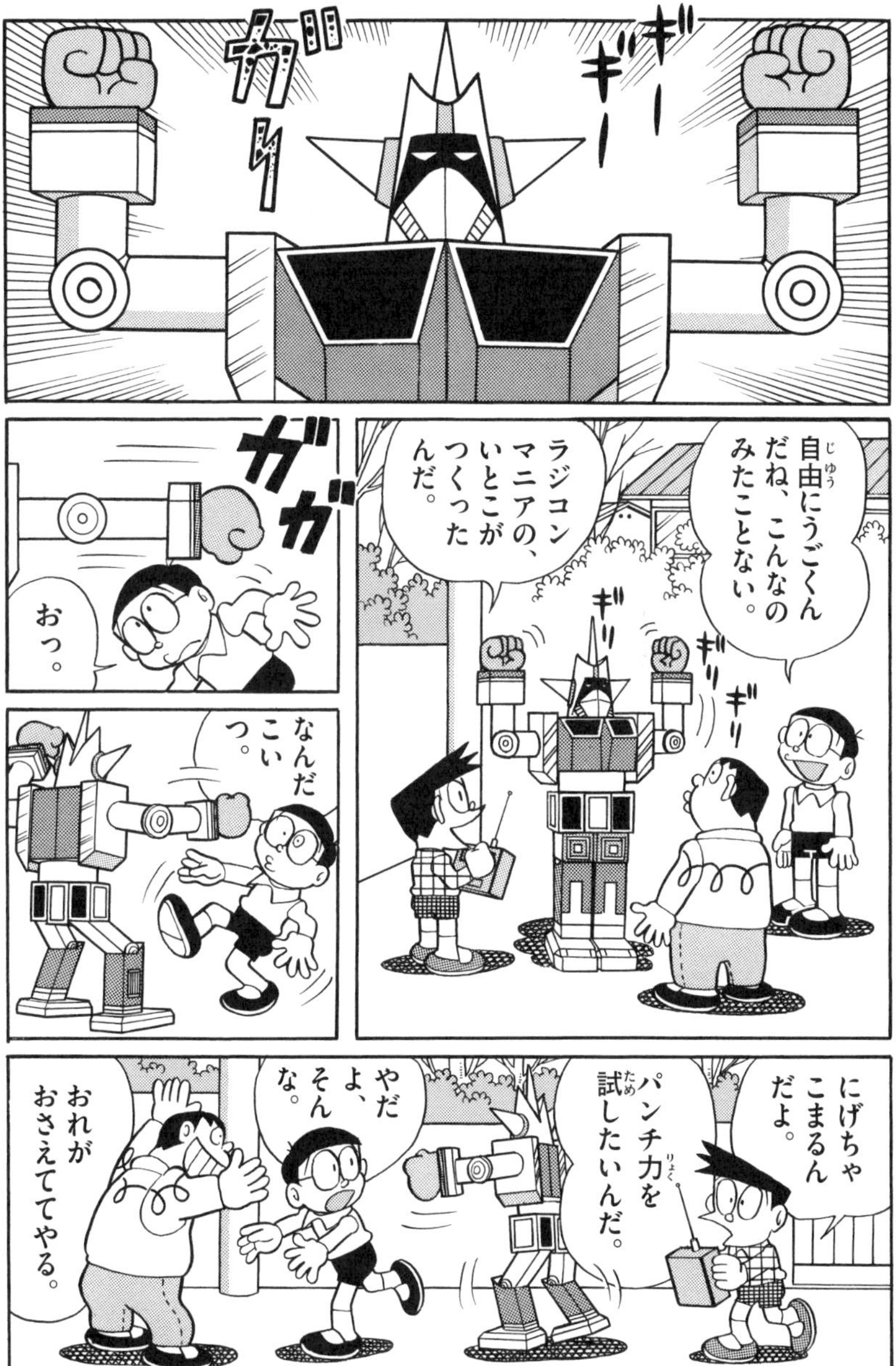
ギー
ギーー
ガリ
自由《じゆう》にうごくんだね、こんなのみたことない。
ラジコンマニアの、いとこがつくったんだ。
ギリ
ギリ
ギリ
ガガ
おっ。
なんだこいつ。
にげちゃこまるんだよ。
パンチ力《りょく》を試《ため》したいんだ。
やだよ、そんな。
おれがおさえててやる。

電気《でんき》クイズQ&A《キューアンドエー》

Q「電気《でんき》」を意味《いみ》する英語《えいご》はどれ？

①electricity《エレクトリシティ》 ②telephone《テレフォン》 ③element《エレメント》

A
①electricity《エレクトリシティ》 telephone《テレフォン》は「電話《でんわ》」、element《エレメント》は「成分《せいぶん》、要素《ようそ》」という意味《いみ》だよ。

電気《でんき》クイズQ&A《キューアンドエー》

Q 人間《にんげん》の体《からだ》の中《なか》にも電気《でんき》が流《なが》れている。本当《ほんとう》? ウソ?

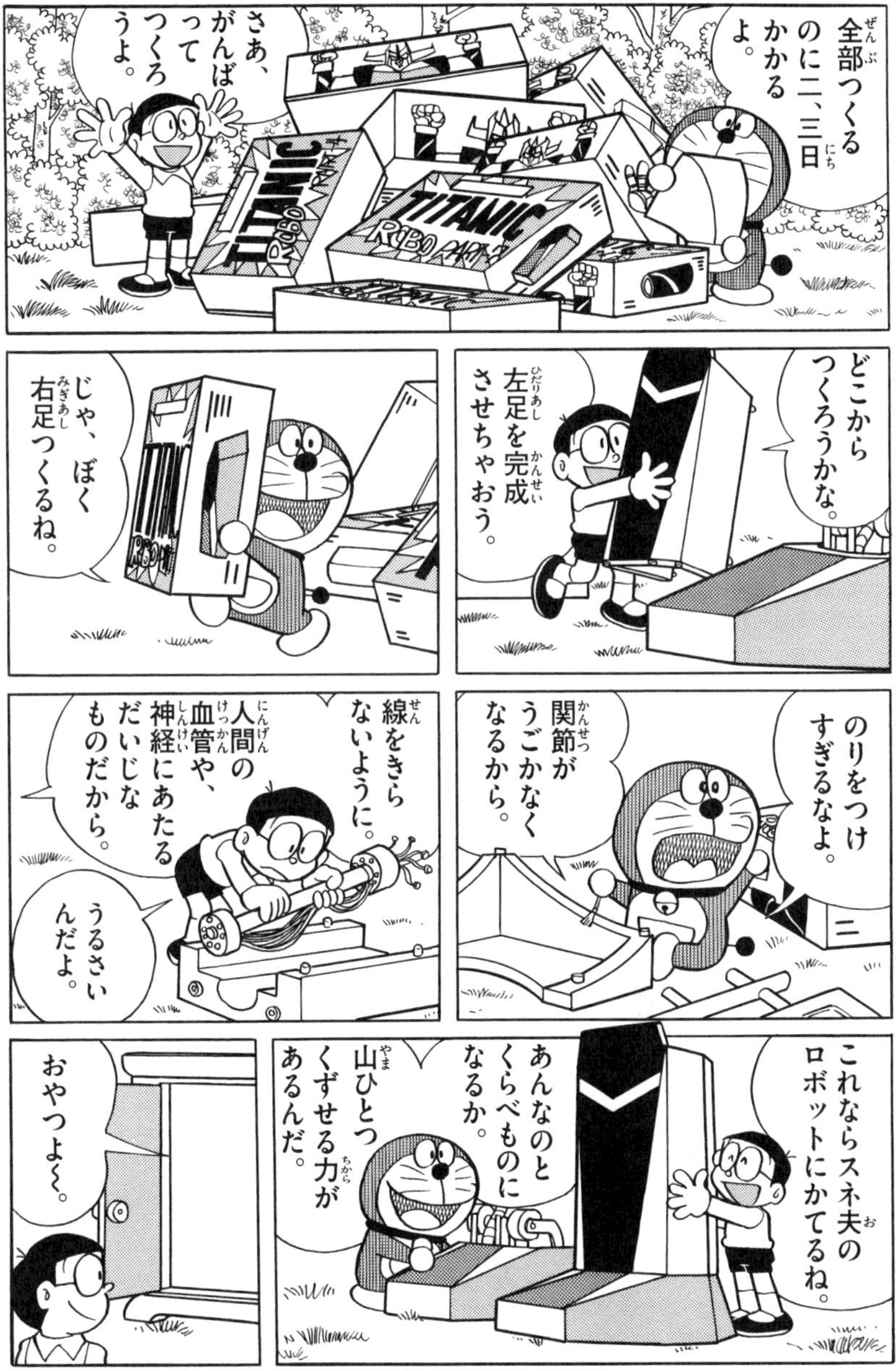

A 本当《ほんとう》 人間《にんげん》の体《からだ》にも、弱《よわ》い電気《でんき》が流《なが》れている。くわしくは34ページで。

電気《でんき》クイズQ&A《キューアンドエー》
Q 単《たん》1形《がた》、単《たん》2形《がた》、単《たん》3形《がた》…とある乾電池《かんでんち》。ないのはどれ？
①単《たん》5形《がた》
②単《たん》6形《がた》
③単《たん》7形《がた》

A ③単《たん》7形《がた》 このほか、単《たん》○形《がた》とはいわないけど、9V《ボルト》形《がた》という四角《しかく》い乾電池《かんでんち》があるよ。

電気《でんき》クイズQ&A《キューアンドエー》

Q アルカリ乾電池《かんでんち》の中《なか》に入《はい》っているものは？

①亜鉛《あえん》 ②水銀《すいぎん》 ③アルミニウム

A ①亜鉛《あえん》　昔《むかし》は水銀《すいぎん》が入《はい》っていたけど、今《いま》は使《つか》われていない。

電気《でんき》クイズQ&A《キューアンドエー》

Q 静電気《せいでんき》が最《もっと》も発生《はっせい》しやすい生地《きじ》は？

①毛皮《けがわ》

②綿《めん》

③絹《きぬ》

A

①毛皮《けがわ》　電気《でんき》が発見《はっけん》されたのも、毛皮《けがわ》がきっかけだった。くわしくは36ページで。

ついに完成《かんせい》！ばんざ〜〜い
ばんざ〜〜〜い。
うごくかなあ、心配《しんぱい》だな。
まずメインスイッチ。
モーターが回《まわ》り始《はじ》めたら、コントローラーを…。

電気《でんき》クイズQ&A《キューアンドエー》

Q 静電気《せいでんき》を発生《はっせい》させるための装置《そうち》はどれ?

①ライデン瓶《びん》 ②バンデグラフ ③イオナイザ

A ②バンデグラフ　ライデン瓶《びん》は静電気《せいでんき》をためておくため、イオナイザは取《と》り除《のぞ》くための装置《そうち》だよ。

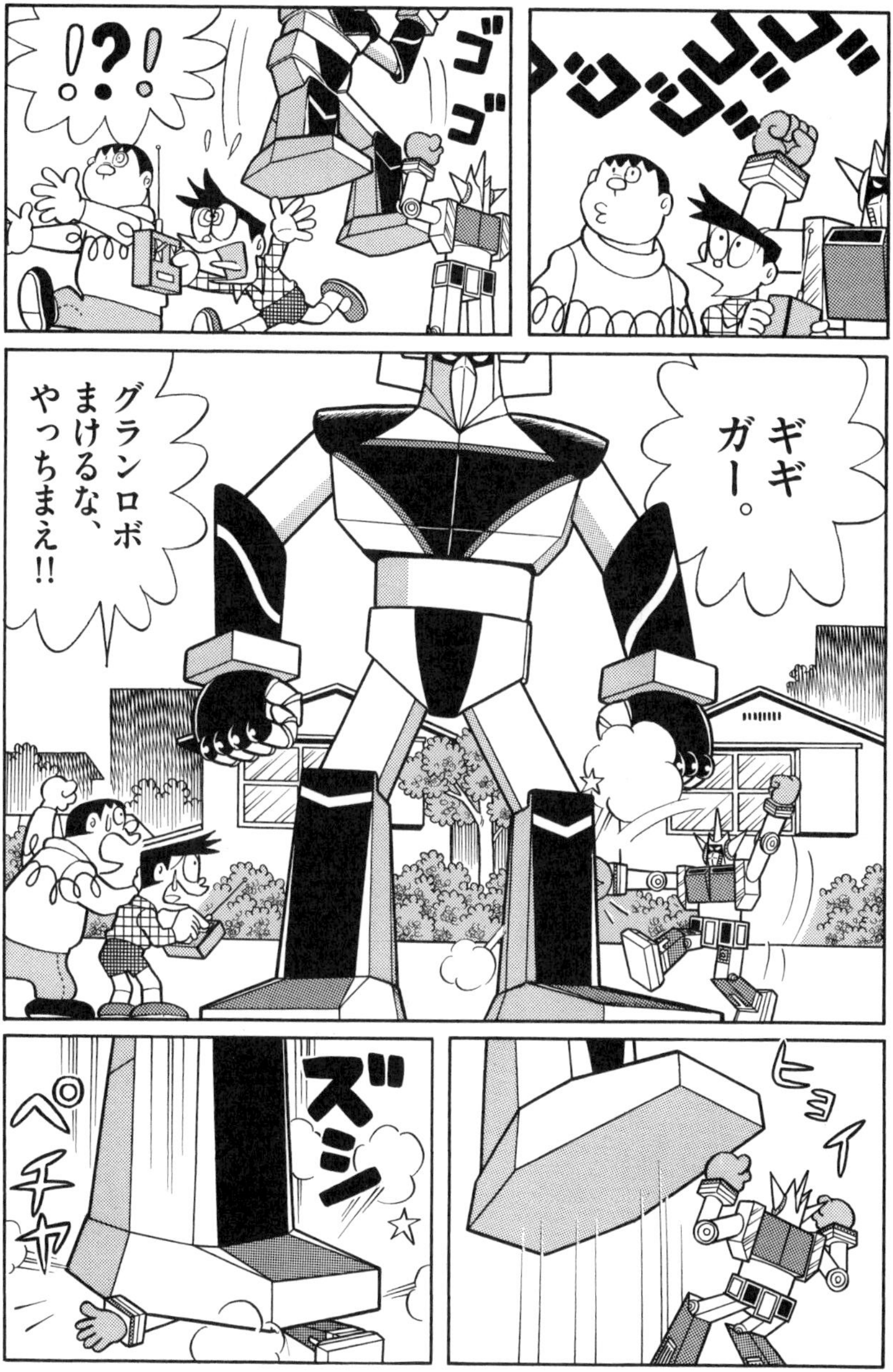

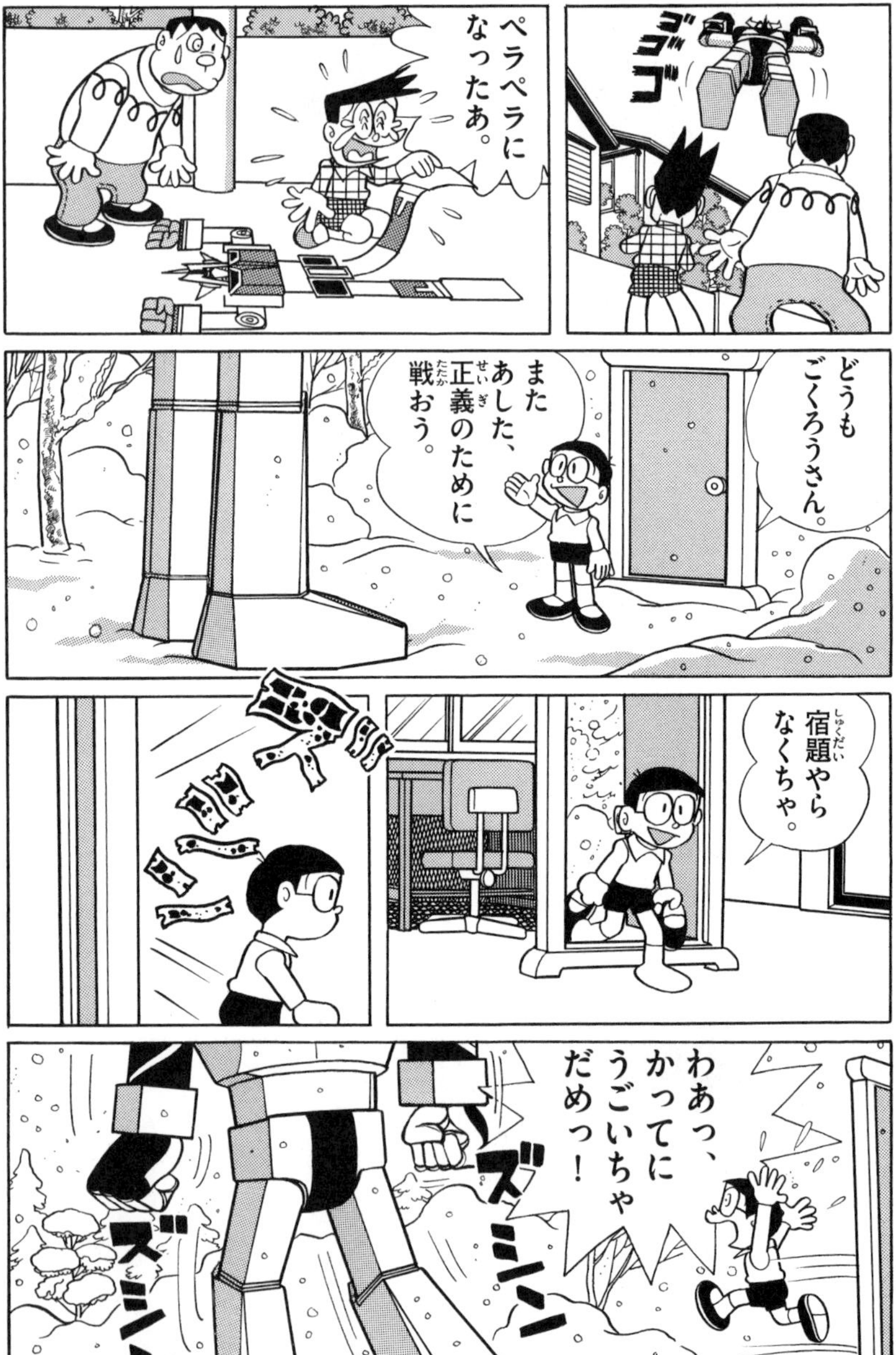

電《でん》気《き》クイズQ&A《キューアンドエー》

Q 次《つぎ》のうち、実際《じっさい》にある電《でん》気《き》の単位《たんい》は?

①ファラオ　②ファミリー　③ファラド

A ③ファラド　静電容量《せいでんようりょう》の単位《たんい》で、「電磁気学《でんじきがく》の父《ちち》」といわれるファラデーの名前《なまえ》に由来《ゆらい》する。

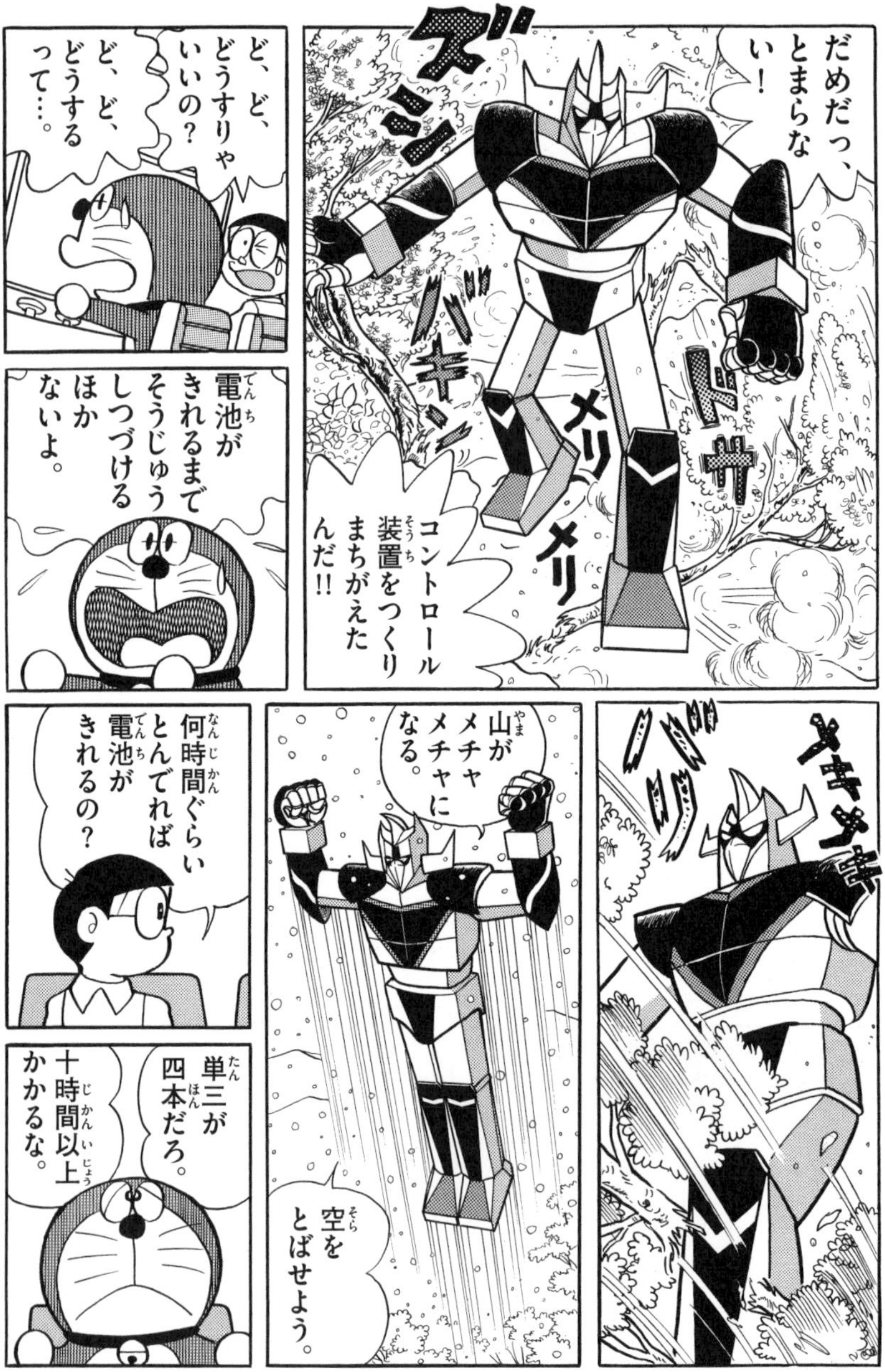
ズズーン
だめだっ、とまらない！
バキッ
ドサ
メリメリ
コントロール装置《そうち》をつくりまちがえたんだ!!
ど、ど、どうすりゃいいの？ど、ど、どうするって…。
電池《でんち》がきれるまでそうじゅうしつづけるほかないよ。
メキメキ
バリバリ
山《やま》がメチャメチャになる。
空《そら》をとばせよう。
何時間《なんじかん》ぐらいとんでれば電池《でんち》がきれるの？
単《たん》三が四本《ほん》だろ。十時間以上《じかんいじょう》かかるな。

電気《でんき》クイズQ&A《キューアンドエー》

Q 雷《かみなり》のことを別《べつ》の言《い》い方《かた》で何《なん》という？

①稲母《いなはは》 ②稲娘《いなむすめ》 ③稲妻《いなづま》

A ③稲妻《いなづま》 古代《こだい》に、雷《かみなり》が稲《いね》を実《みの》らせるという信仰《しんこう》があったため、そう呼《よ》ばれるようになった。

電気《でんき》クイズQ&A《キューアンドエー》

Q 次《つぎ》のうち、電気《でんき》に関係《かんけい》する単位《たんい》でないのはどれ?

①アンペア ②ボルト ③ニュートン

A ③ニュートン　ニュートンは、力《ちから》の大《おお》きさを表《あらわ》す単位《たんい》。万有引力《ばんゆういんりょく》を発見《はっけん》したアイザック・ニュートンにちなんで名付《なづ》けられた。

学校へ近道
あすの朝《あさ》、びっくりするよ。
これで楽《らく》に学校《がっこう》へいける。
しっかり勉強《べんきょう》しなよ。
勉強《べんきょう》もしないで。
どこへいってたの!!
ロボットの電池《でんち》があるうちに、学校《がっこう》をこわしておけばよかった。
むちゃいうな。

「電気《でんき》」って何《なん》だろう？

身近《みぢか》なところにあって生活《せいかつ》を便利《べんり》にしてくれている

電気《でんき》は、みんなの身近《みぢか》なところにあるよね？　家《いえ》や学校《がっこう》の中《なか》を明《あか》るくする電灯《でんとう》や蛍光灯《けいこうとう》などの照明器具《しょうめいきぐ》は電気《でんき》によって光《ひか》っているし、テレビや冷蔵庫《れいぞうこ》、エアコン、掃除機《そうじき》などの電化製品《でんかせいひん》も、ほとんどがコンセントから流《なが》れる電気《でんき》によって動《うご》いている。

スマートフォンや携帯《けいたい》ゲーム機《き》もそう。家《いえ》の外《そと》に持《も》ち歩《ある》くときは何《なに》ともつながっていないけど、家《いえ》ではコンセントにつなげて充電《じゅうでん》をするよね。そうして、中《なか》に入《はい》っている充電式《じゅうでんしき》のバッテリー（電池《でんち》）を、外出先《がいしゅつさき》でも使《つか》えるようにするんだ。

単三《たんさん》や単四《たんよん》などの種類《しゅるい》がある乾電池《かんでんち》も、バッテリーの仲間《なかま》。これら乾電池《かんでんち》を入《い》れて動《うご》かすおもちゃなども、すべて電気《でんき》によって動《うご》いているよ。まんがに出《で》てきたロボットも、電池《でんち》のエネルギーで動《うご》いているから、最後《さいご》はそのパワーが切《き》れて動《うご》かなくなったんだね。

▲いろいろな乾電池《かんでんち》。

電話《でんわ》も同《おな》じように、電気《でんき》を利用《りよう》した機械《きかい》。声《こえ》を電気《でんき》に変《か》えて電線《でんせん》を通《とお》して送《おく》ることで、遠《とお》く離《はな》れた人《ひと》と会話《かいわ》をすることができるんだ。電気《でんき》は、地球上《ちきゅうじょう》で最《もっと》も速《はや》い光《ひかり》と同《おな》じく、1秒間《びょうかん》に約《やく》30万《まん》kmも進《すす》むことができる。だから、どんなに遠《とお》く離《はな》れた相手《あいて》とも、まるで目《め》の前《まえ》にいるように会話《かいわ》をすることができるんだよ。このように、電気《でんき》によって私《わたし》たちのくらしはとても便利《べんり》になっているんだ。

電子《でんし》が動《うご》くことで電気《でんき》のエネルギーが生《う》まれる

では、電気《でんき》とはいったいどのようなものなのだろう。電気《でんき》は物質《ぶっしつ》ではなく、光《ひかり》や熱《ねつ》などと同《おな》じ「エネルギー」。物質《ぶっしつ》ではないから目《め》には見《み》えないんだ。

ちょっと難《むずか》しいけど、「原子《げんし》」ということばを聞《き》いたことはあるかな？　原子《げんし》とはとても小《ちい》さな粒子《りゅうし》のことで、人間《にんげん》も含《ふく》め、地球上《ちきゅうじょう》のすべてのものは原子《げんし》でできている。

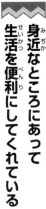

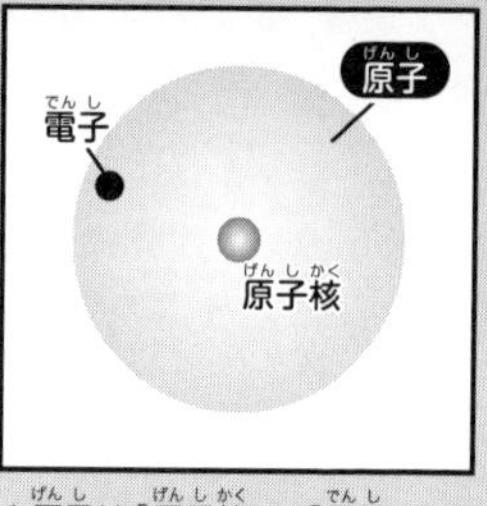

▲原子《げんし》は「原子核《げんしかく》」と「電子《でんし》」から構成《こうせい》されているよ。

そして、原子《げんし》と原子《げんし》が「電《でん》子《し》」によって結《むす》びつくと「物質《ぶっしつ》」になるんだ。

この原子《げんし》の中心《ちゅうしん》には「原《げん》子核《しかく》」があって、そのまわりを電子《でんし》が回《まわ》っている。電《でん》子《し》は、いつもは原子核《げんしかく》のまわりを回《まわ》っているんだけど、何《なん》らかの刺激《しげき》を受《う》けることで原子核《げんしかく》を回《まわ》る軌道《きどう》から飛《と》び出《だ》すんだ。この飛《と》び出《だ》した電子《でんし》のことを「自由電子《じゆうでんし》」といい、その自由電子《じゆうでんし》の動《うご》きのことを「電気《でんき》」というんだよ。

人《ひと》の体《からだ》にも電気《でんき》が流《なが》れている!? スマートフォンが操作《そうさ》できるしくみ

スマートフォンは、画面《がめん》に手《て》を直接《ちょくせつ》ふれて操作《そうさ》することができるよね。なぜ動《うご》くのか不思議《ふしぎ》に感《かん》じたことはないかな？　実《じつ》はこれ、「静電気《せいでんき》」を利用《りよう》しているんだ。

冬《ふゆ》に、ほかの人《ひと》と手《て》がふれたりドアノブをさわったりしたときなどに「バチッ」と痛《いた》みを感《かん》じた経験《けいけん》はあるかな？　または、セーターを脱《ぬ》ぐときに「パチパチ」と音《おと》がしたことはある？　これらはすべて静電気《せいでんき》のしわざだ。

2つのものがこすれ合《あ》うと、その摩《ま》さつで、一方《いっぽう》の原《げん》子《し》にある電子《でんし》が、もう一方《いっぽう》に移動《いどう》するという現象《げんしょう》が起《お》きて、ものの表面《ひょうめん》に余分《よぶん》な電子《でんし》がたまった状態《じょうたい》になることがある。これが静電気《せいでんき》の正体《しょうたい》だ。静電気《せいでんき》は、空気《くうき》が乾燥《かんそう》しているときに発生《はっせい》しやすいので、日本《にほん》では空気《くうき》が乾燥《かんそう》しやすい冬《ふゆ》に多《おお》く発生《はっせい》するんだよ。

人間《にんげん》の体《からだ》にも、電気《でんき》が流《なが》れていたり、蓄《たくわ》えられていたりする。もちろん、感電《かんでん》する心配《しんぱい》はないほどのとても弱《よわ》い電気《でんき》だ。スマートフォンの画面操作《がめんそうさ》は「静電容量方式《せいでんようりょうほうしき》」といって、その人体《じんたい》に蓄《たくわ》えられている電気《でんき》を利用《りよう》している。指《ゆび》を画面《がめん》に近《ちか》づけると人体《じんたい》に流《なが》れる微弱《びじゃく》な電気《でんき》がセンサーに反応《はんのう》し、画面操作《がめんそうさ》によってポインターを動《うご》かすしくみになっているんだ。

だから、爪《つめ》でさわっても画面操作《がめんそうさ》はできない。爪《つめ》には電気《でんき》が通《とお》っていないからだ。また、普通《ふつう》は手袋《てぶくろ》をしていても画面操作《がめんそうさ》はできない。それは多《おお》くの手袋《てぶくろ》が、毛糸《けいと》や皮《かわ》など

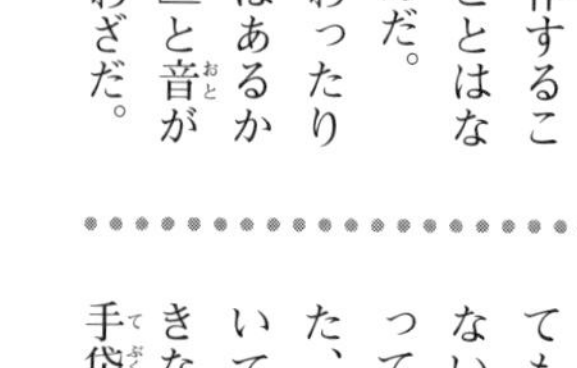

▲スマートフォンの画面《がめん》をタッチすると指《ゆび》に弱《よわ》い静電気《せいでんき》が流《なが》れる。

の電気《でんき》を通《とお》さない素材《そざい》でつくられているから。そのため、最近《さいきん》は「導電糸《どうでんいと》」という電気《でんき》を通《とお》す特殊《とくしゅ》な糸《いと》でつくられたスマートフォン対応《たいおう》の手袋《てぶくろ》も発売《はつばい》されているよ。

光《ひか》りながら空《そら》を走《はし》る「雷《かみなり》」も、静電気《せいでんき》が引《ひ》き起《お》こす自然現象《しぜんげんしょう》

そして、その静電気《せいでんき》によって起《お》きる自然現象《しぜんげんしょう》が、雨《あめ》の日《ひ》などに、大《おお》きな音《おと》を立《た》てて光《ひか》りながら地上《ちじょう》に落《お》ちてくる「雷《かみなり》」だ。この雷《かみなり》も、雲《くも》にたまってできた静電気《せいでんき》が外《そと》に放出《ほうしゅつ》されることによって起《お》きるんだよ。

雷《かみなり》を起《お》こす雲《くも》はたくさんの氷《こおり》の粒《つぶ》でできていて、その氷《こおり》の粒同士《つぶどうし》が摩《ま》さつし合《あ》うと静電気《せいでんき》が発生《はっせい》。ふだん、空《くう》気《き》は電気《でんき》を通《とお》さないけれど、静電気《せいでんき》が大量《たいりょう》にたまると電《でん》流《りゅう》が大気《たいき》に流《なが》れ出《だ》す「放電《ほうでん》」という現《げん》象《しょう》が起《お》きる。その放電《ほうでん》が雲《くも》と地面《じめん》を結《むす》ぶ電気《でんき》の道《みち》をつくり、そこを電気《でんき》が流《なが》れることで雷《かみなり》が発生《はっせい》するんだ。

雷《かみなり》はジグザグに走《はし》ることが多《おお》いけど、これは電気《でんき》を通《とお》さないはずの空《くう》気《き》の中《なか》で通《とお》りやすいところを探《さが》しながら進《すす》むため。また、ゴロゴロと音《おと》が鳴《な》る理由《りゆう》は、電気《でんき》の道《みち》となった空気《くうき》が熱《ねつ》で急激《きゅうげき》に膨張《ぼうちょう》し、まわりの空気《くうき》を激《はげ》しく揺《ゆ》らしているからだ。つまり、雷《かみなり》から音《おと》が出《で》ているのではなく、そのまわりの空気《くうき》が振動《しんどう》している音《おと》なんだよ。

ところで、電気《でんき》は目《め》に見《み》えないはずなのに、なぜ雷《かみなり》は光《ひか》って見《み》えるんだろう？ それは、放電《ほうでん》するときにすごく強《つよ》い力《ちから》が加《くわ》わって、光《ひかり》を放《はな》つから。ドアノブなどにさわったときに発生《はっせい》する静電気《せいでんき》も、暗《くら》い場所《ばしょ》なら一瞬《いっしゅん》だけ青白《あおじろ》い光《ひかり》が見《み》える。雷《かみなり》はそれと比《くら》べものにならないくらい強《つよ》い力《ちから》を持《も》っているから、はっきりと見《み》えるんだよ。

特別《とくべつ》コラム

なぜ雷《かみなり》の音《おと》は遅《おく》れて聞《き》こえる？

遠《とお》くの雷《かみなり》は、光《ひか》ってから音《おと》が聞《き》こえるまでに何秒《なんびょう》か時間《じかん》がかかる。これは光《ひかり》と音《おと》の速《はや》さの差《さ》によるものなんだ。光《ひかり》の速《はや》さは秒速約《びょうそくやく》30万《まん》㎞なのに対《たい》して、音《おと》の速《はや》さは秒速約《びょうそくやく》340m（0.34㎞）。つまり、光《ひかり》はほぼ一瞬《いっしゅん》で目《め》に入《はい》るけど、音《おと》は光《ひかり》に比《くら》べると届《とど》くのが遅《おそ》いんだ。

この速《はや》さの差《さ》を利用《りよう》すれば、雷《かみなり》までの距離《きょり》を推測《すいそく》することができる。光《ひか》ってから音《おと》が聞《き》こえるまでに３秒《びょう》かかったら約《やく》１㎞、９秒《びょう》かかったら約《やく》３㎞離《はな》れているということになるね。ちなみに、一般的《いっぱんてき》に雷《かみなり》の音《おと》が聞《き》こえる距離《きょり》は３㎞が限界《げんかい》だといわれているよ。

電気《でんき》はどのようにして発見《はっけん》された？

電気《でんき》が発見《はっけん》されたのは紀元前《きげんぜん》そのきっかけは宝石《ほうせき》!?

では、電気《でんき》はいつ発見《はっけん》されたのだろう？　電気《でんき》に関《かん》する歴史的《れきしてき》な発見《はっけん》や発明《はつめい》をした人物《じんぶつ》を紹介《しょうかい》しつつ、電気《でんき》の歴史《れきし》をひも解《と》いてみよう。

電気《でんき》が発見《はっけん》されたといわれているのは、何《なん》と紀元前《きげんぜん》。今《いま》から2600年《ねん》くらい前《まえ》に、ギリシャのタレスという哲学者《てつがくしゃ》が、琥珀《こはく》を毛皮《けがわ》でこすると、琥珀《こはく》に鳥《とり》の羽毛《うもう》が引《ひ》き寄《よ》せられることを発見《はっけん》したんだ。琥珀《こはく》というのは、大昔《おおむかし》の木《き》の樹液《じゅえき》からできた化石《かせき》であり宝石《ほうせき》だよ。

羽毛《うもう》が引《ひ》き寄《よ》せられるのは、34ページで説明《せつめい》した静電気《せいでんき》のしわざ。プラスチックの下敷《したじ》きで頭《あたま》をこすって離《はな》すと、髪《かみ》が逆立《さかだ》つのと同《おな》じ原理《げんり》だね。

ただ、当時《とうじ》は電気《でんき》のせいだとはわからず、「琥珀《こはく》には物《もの》を引《ひ》きつける不思議《ふしぎ》な力《ちから》がある」と思《おも》われていたんだ。

それから約《やく》2000年後《ねんご》に、その正体《しょうたい》が静電気《せいでんき》であるとわかった。電気《でんき》は英語《えいご》で「エレクトリシティ」。これはギリシャ語《ご》で琥珀《こはく》を意味《いみ》する「エレクトロン」が語源《ごげん》なんだ。

電気《でんき》の研究《けんきゅう》において手柄《てがら》を立《た》てたのは、カエル!?

ニュートンが、リンゴが木《き》から落《お》ちたのを見《み》て引力《いんりょく》を発見《はっけん》したという話《はなし》は有名《ゆうめい》だよね。そのように、人類《じんるい》の偉大《いだい》な発見《はっけん》というのは意外《いがい》なところからうまれるものだ。

今《いま》から200年《ねん》くらい前《まえ》、イタリアのガルバーニという医学者《いがくしゃ》は、カエルの解剖実験《かいぼうじっけん》をしているときに、カエルの足《あし》を鉄《てつ》の棒《ぼう》で止《と》めた上《うえ》で手術用《しゅじゅつよう》のメスでさわると、カエルの足《あし》が動《うご》くのに気《き》づいた。このことから、「2種類《しゅるい》の金属《きんぞく》をカエルの足《あし》に当《あ》てるとけいれんが起《お》きる」ことを発見《はっけん》。この事実《じじつ》は大《おお》きな反響《はんきょう》を呼《よ》び、多《おお》くの学者《がくしゃ》が電《でん》気《き》についての研究《けんきゅう》を進《すす》めるきっかけになったんだ。

カエルの足《あし》がけいれんするのは、2種類《しゅるい》の金属《きんぞく》から発生《はっせい》した電気《でんき》がカエルの足《あし》に流《なが》れるためだということは、のちの研究《けんきゅう》によって証明《しょうめい》されたんだ。

動《うご》いた!?
ピクッ

世界《せかい》で最初《さいしょ》に電池《でんち》を発明《はつめい》し名前《なまえ》が電気《でんき》の単位《たんい》になったボルタ

電気《でんき》の単位《たんい》を知《し》っているかな? よく使《つか》われるのは「ボルト」「アンペア」「ワット」などだ。ボルト(V)というのは「電圧《でんあつ》」の単位《たんい》。この電圧《でんあつ》については、Part《パート》2でくわしく説明《せつめい》するよ。

このボルトという単位《たんい》の名前《なまえ》の由来《ゆらい》となったのが、イタリアのボルタという物理学者《ぶつりがくしゃ》。彼《かれ》は、ガルバーニの発表《はっぴょう》をもとに、電気《でんき》は2種類《しゅるい》の金属間《きんぞくかん》の「電位《でんい》」(電気《でんき》を流《なが》す力《ちから》のこと。Part《パート》2で説明《せつめい》するよ)の差《さ》だという「ボルタの法則《ほうそく》」を生《う》み出《だ》したんだ。

また彼《かれ》は、世界《せかい》で最初《さいしょ》に電池《でんち》をつくったことでも有名《ゆうめい》だ。銅《どう》と亜鉛《あえん》の2種類《しゅるい》の金属《きんぞく》、そして食塩水《しょくえんすい》の3つがあれば、電気《でんき》が発生《はっせい》することを発見《はっけん》。そして、銅《どう》と亜鉛《あえん》の間《あいだ》に食塩水《しょくえんすい》をしみこませた布《ぬの》をはさんで電気《でんき》を発生《はっせい》させる、下《した》の図《ず》で示《しめ》したようなしくみの「ボルタ電池《でんち》」(別名《べつめい》・ガルバニ電池《でんち》)を発明《はつめい》した。それがのちに、今《いま》みんなが使《つか》っているような電池《でんち》になったんだよ。

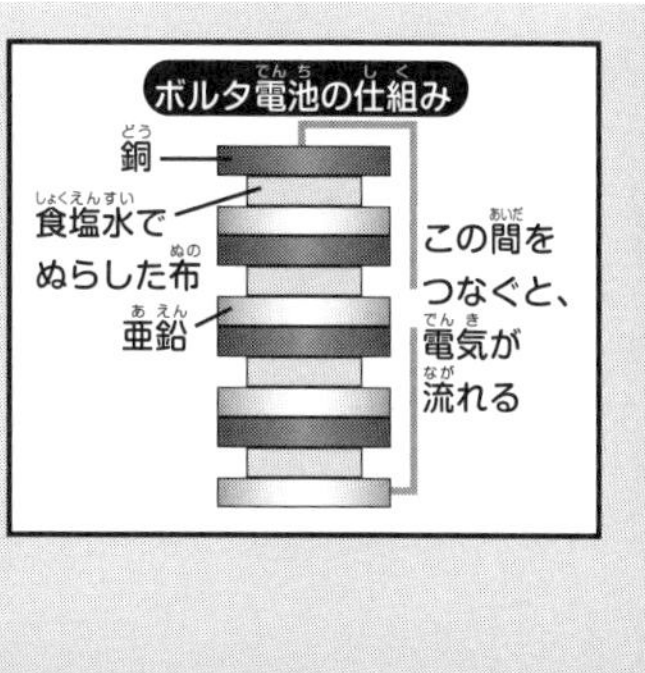
ボルタ電池《でんち》の仕組《しく》み
銅《どう》
食塩水《しょくえんすい》でぬらした布《ぬの》
亜鉛《あえん》
この間《あいだ》をつなぐと、電気《でんき》が流《なが》れる

電気《でんき》をつくり出《だ》す方法《ほうほう》を発明《はつめい》した「電磁気学《でんじきがく》の父《ちち》」

音楽室《おんがくしつ》によく肖像画《しょうぞうが》がかざられているバッハは「音楽《おんがく》の父《ちち》」と呼《よ》ばれる。多《おお》くの衛星《えいせい》を発見《はっけん》するなど数々《かずかず》の偉業《いぎょう》を残《のこ》したガリレオは「天文学《てんもんがく》の父《ちち》」と呼《よ》ばれる。このように、ある分野《ぶんや》において重要《じゅうよう》な発明《はつめい》や、歴史的《れきしてき》な貢献《こうけん》をした偉人《いじん》のことを「○○の父《ちち》」ということがある。

電気《でんき》の分野《ぶんや》で大《おお》きな功績《こうせき》を挙《あ》げ、「電磁気学《でんじきがく》の父《ちち》」と呼《よ》ばれているのが、イギリスの物理学者《ぶつりがくしゃ》・ファラデーだ。彼《かれ》は、コイル(ぐるぐる巻《ま》きにした電線《でんせん》)の近《ちか》くで磁石《じしゃく》を動《うご》かすと電気《でんき》が発生《はっせい》するという「電磁誘導《でんじゆうどう》の法則《ほうそく》」を見《み》いだし、発電機《はつでんき》の原理《げんり》を発見《はっけん》した。

さらに、2つの磁石《じしゃく》の間《あいだ》で金属《きんぞく》の円盤《えんばん》を回《まわ》すことで、連続《れんぞく》して電気《でんき》を取《と》り出《だ》す方法《ほうほう》も発明《はつめい》。そして、電気《でんき》のエネルギーを、機械《きかい》のエネルギー（動力《どうりょく》）に変《か》えて使《つか》うことができるようになった。こうした彼《かれ》の発見《はっけん》や発明《はつめい》は、今《いま》では発電機《はつでんき》やモータなどに応用《おうよう》されているよ。

人類《じんるい》の歴史《れきし》を大《おお》きく変《か》えた「発明王《はつめいおう》」エジソンの電球《でんきゅう》

ここまでに挙《あ》げてきた人《ひと》たちのことは知《し》らなくても、この人《ひと》の名前《なまえ》は知《し》っているんじゃないかな？　電気《でんき》を語《かた》るうえで欠《か》かせない、偉大《いだい》な発明家《はつめいか》・エジソンだ。彼《かれ》の功績《こうせき》で最《もっと》も有名《ゆうめい》なのは、電球《でんきゅう》の発明《はつめい》だね。

電球《でんきゅう》が普及《ふきゅう》するまでは、夜《よる》の明《あ》かりとして、ろうそくやランプ、ガス灯《とう》などが使《つか》われていた。真《ま》っ暗闇《くらやみ》の中《なか》で火《ひ》をともしても、明《あか》るくはなるけど、読書《どくしょ》や勉強《べんきょう》をするには暗《くら》いよね？　そんな中《なか》で、電気《でんき》によって強《つよ》い明《あ》かりを生《う》み出《だ》す電球《でんきゅう》が登場《とうじょう》し、人《ひと》は夜《よる》でも勉強《べんきょう》や仕事《しごと》など、さまざまな活動《かつどう》ができるようになったんだ。だから電球《でんきゅう》の発明《はつめい》は、人類《じんるい》の歴《れき》史《し》を変《か》えたといってもいいほどの出来事《できごと》だったんだよ。

電気《でんき》を通《とお》しにくいものに電気《でんき》を通《とお》すと、その部分《ぶぶん》が熱《ねつ》を発《はっ》し、一定《いってい》の温度《おんど》を超《こ》えると光《ひか》るようになる。電球《でんきゅう》はそのしくみを利用《りよう》しているんだ。でもそれには、熱《ねつ》で燃《も》えることなく長時間《ちょうじかん》光《ひか》ってくれるものを探《さが》す必要《ひつよう》があった。その光《ひか》る部分《ぶぶん》（フィラメント）に適《てき》した材料《ざいりょう》を求《もと》めて、エジソンは何百回《なんびゃっかい》、何千回《なんぜんかい》と実験《じっけん》を繰《く》り返《かえ》したんだよ。

特別《とくべつ》コラム

電球《でんきゅう》の発明《はつめい》に貢献《こうけん》したのは日本《にほん》!?

電球《でんきゅう》を発明《はつめい》するのに何千回《なんぜんかい》と実験《じっけん》をしたエジソンが、苦心《くしん》の末《すえ》にたどり着《つ》いたのが「竹《たけ》」。竹《たけ》は丈夫《じょうぶ》で長持《ながも》ちするし、細《ほそ》くしても折《お》れにくく、当時手《とうじて》に入《はい》るもののなかではフィラメントに最《もっと》も適《てき》していたんだ。

そして、世界中《せかいじゅう》の竹《たけ》を集《あつ》めて実験《じっけん》した結果《けっか》、最《もっと》もふさわしいと判断《はんだん》されたのが、京都《きょうと》の石清水八幡宮《いわしみずはちまんぐう》に生《は》えていた真竹《まだけ》だった。石清水八幡宮《いわしみずはちまんぐう》にはエジソン記《き》念碑《ねんひ》があり、エジソンが生《う》まれた2月《がつ》11日《にち》には、エジソン生誕祭《せいたんさい》も行《おこな》われるんだよ。

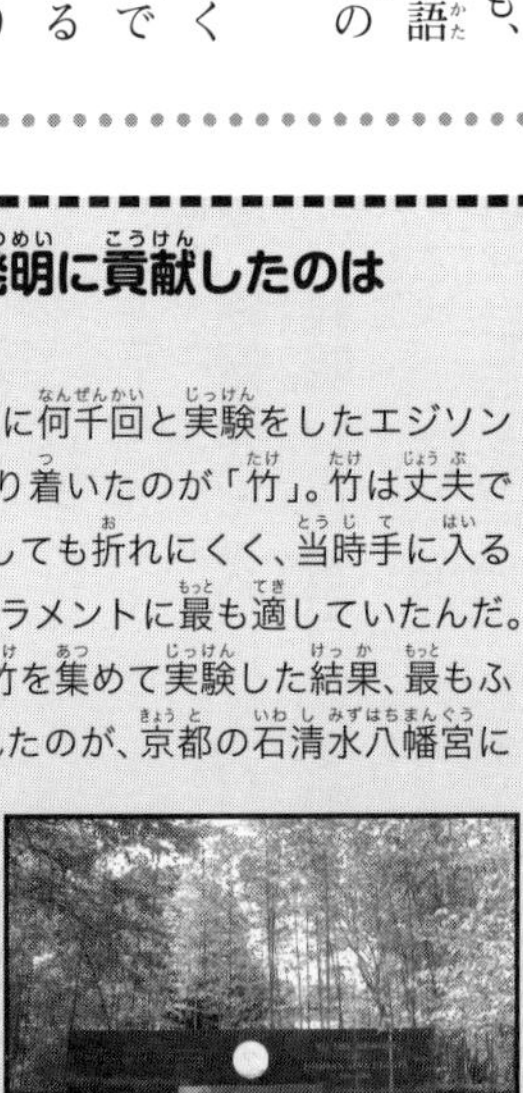

▲エジソン記念碑《きねんひ》。

写真提供／石清水八幡宮

電気《でんき》のしくみを解《と》き明《あ》かした偉人《いじん》たち

今《いま》も電気《でんき》の単位《たんい》に名《な》を残《のこ》す偉大《いだい》な学者《がくしゃ》・発明家《はつめいか》たち

電圧《でんあつ》の単位《たんい》「ボルト」の由来《ゆらい》となったのがボルタという人物《じんぶつ》だということは、37ページで話《はな》したね。そうなると、ほかの単位《たんい》も気《き》にならない？　実《じつ》は「アンペア」や「ワット」も人名《じんめい》に由来《ゆらい》しているんだ。

●アンペール

フランスの物理学者《ぶつりがくしゃ》・数学者《すうがくしゃ》で、電流《でんりゅう》の単位《たんい》「アンペア（A）」の由来《ゆらい》となった。電気《でんき》と磁気《じき》の実験《じっけん》を行《おこな》ってさまざまなことを発見《はっけん》。電流《でんりゅう》を右《みぎ》ねじの回転方向《かいてんほうこう》に流《なが》すと、右《みぎ》ねじが進《すす》む方向《ほうこう》に磁力《じりょく》が生《しょう》じるという「右《みぎ》ねじの法則《ほうそく》」や、電流《でんりゅう》とそのまわりにできる磁力《じりょく》との関係《かんけい》を表《あらわ》す「アンペールの法則《ほうそく》」を確立《かくりつ》したんだ。

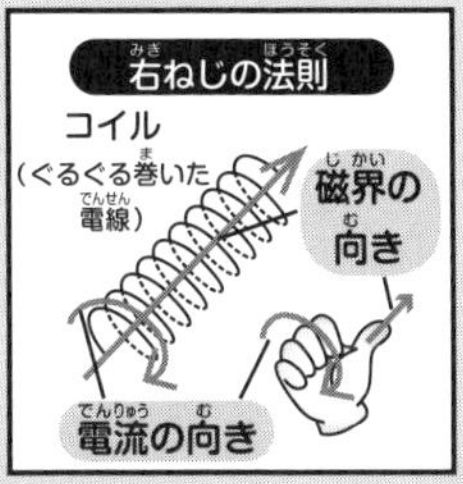

▶「右《みぎ》ねじの法則《ほうそく》」における電《でん》流《りゅう》の向《む》きと磁界《じかい》の向《む》きの関係《かんけい》。

●ワット

イギリスの発明家《はつめいか》。同《おな》じイギリスのトーマスという人《ひと》が発《はっ》明《めい》した蒸気機関《じょうききかん》を改良《かいりょう》し、世界《せかい》の産業革命《さんぎょうかくめい》に大《おお》きく貢献《こうけん》したことで知《し》られる。消費《しょうひ》されるエネルギーの単位《たんい》「ワット（W）」は彼《かれ》にちなんでいるんだ。

▲ワットの蒸気機関《じょうききかん》。

●オーム

ドイツの物理学者《ぶつりがくしゃ》で、電気《でんき》の流《なが》れにくさを示《しめ》す電気《でんき》抵《てい》抗《こう》の単位《たんい》「オーム（Ω）」の由《ゆ》来《らい》となった。中学校《ちゅうがっこう》の理科《りか》で習《なら》う「オームの法則《ほうそく》」にも名《な》を残《のこ》していて、この法則《ほうそく》では、電圧《でんあつ》の大《おお》きさは電流《でんりゅう》が大《おお》きくなるほど大《おお》きくなり、抵抗《ていこう》が大《おお》きくなるほど大《おお》きくなると示《しめ》している。

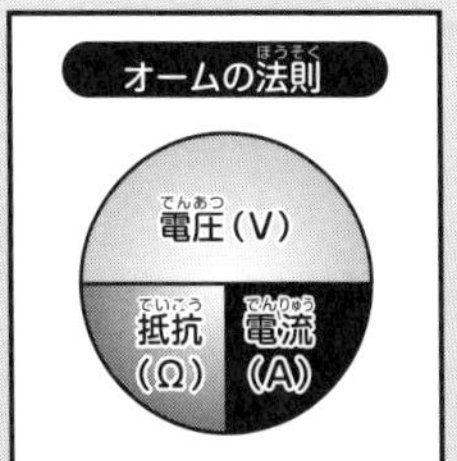

▶オームの法則《ほうそく》。電圧《でんあつ》は「抵抗《ていこう》×電流《でんりゅう》」の計算《けいさん》で求《もと》められる。

あの日本人発明家《にほんじんはつめいか》も！まだいる電気《でんき》にまつわる学者《がくしゃ》たち

電気《でんき》に関《かん》するいろいろな法則《ほうそく》を見《み》つけたり、電気《でんき》のあつかい方《かた》を発見《はっけん》したりと、電気《でんき》の研究《けんきゅう》に貢献《こうけん》した科学者《かがくしゃ》はまだたくさんいる。さらに紹介《しょうかい》していこう。

●フレミング

イギリスの物理学者《ぶつりがくしゃ》・電《でん》気《き》工学者《こうがくしゃ》。中学校《ちゅうがっこう》の理科《りか》で習《なら》う「フレミングの右手《みぎて》の法則《ほうそく》」と「フレミングの左手《ひだりて》の法則《ほうそく》」に名前《なまえ》を残《のこ》している。この2つの法則《ほうそく》は、ファラデーが発見《はっけん》した「電磁誘導《でんじゆうどう》の法則《ほうそく》」を人間《にんげん》の手《て》で表《あらわ》し、わかりやすく覚《おぼ》えやすくしたものなんだ。

●キルヒホッフ

ロシアの物理学者《ぶつりがくしゃ》で、一《いっ》般的《ばんてき》に高校《こうこう》の物理《ぶつり》で習《なら》う「キルヒホッフの法則《ほうそく》」に名《な》を残《のこ》している。この法則《ほうそく》には、電流《でんりゅう》に関《かん》する法則《ほうそく》と電《でん》圧《あつ》に関《かん》する法則《ほうそく》があり、オームの法則《ほうそく》と同《おな》じように広《ひろ》く知《し》られている。元素《げんそ》のセシウム、ルビジウムを発見《はっけん》した人《ひと》でもあるよ。

●フランクリン

アメリカの政治家《せいじか》・物理学者《ぶつりがくしゃ》。凧《たこ》を使《つか》った実験《じっけん》で、雷《かみなり》が静電気《せいでんき》による現象《げんしょう》だということを証《しょう》明《めい》した。さらに、雷《かみなり》が落《お》ちるのを防《ふせ》いだり、落《お》ちた雷《かみなり》の電気《でんき》を誘導《ゆうどう》して地面《じめん》へと安全《あんぜん》に流《なが》したりする目的《もくてき》で設置《せっち》される「避雷針《ひらいしん》」を発明《はつめい》。

●平賀源内《ひらがげんない》

日本《にほん》の江戸時代《えどじだい》の学者《がくしゃ》。静電気《せいでんき》の発生装置《はっせいそうち》「エレキテル」のほか、歩数計《ほすうけい》、寒暖計《かんだんけい》、火浣布《かかんぷ》（燃《も》えない布《ぬの》）など、数多《かずおお》くの発明《はつめい》・製作《せいさく》をした。お正月《しょうがつ》に神社《じんじゃ》などでよく売《う》られている破魔矢《はまや》を考案《こうあん》したり、「土用《どよう》の丑《うし》の日《ひ》」にウナギを食《た》べる風習《ふうしゅう》を生《う》み出《だ》したりしたともいわれているアイデアマンだ。

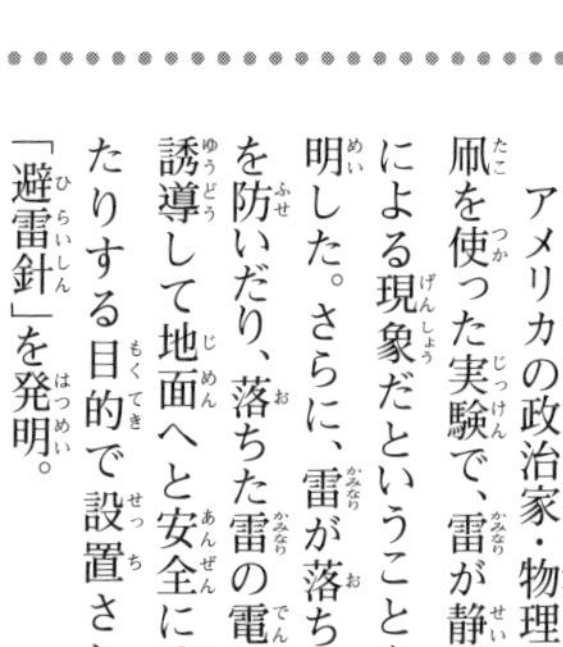

▲避雷針《ひらいしん》。

写真提供／NIPエンジニアリング株式会社

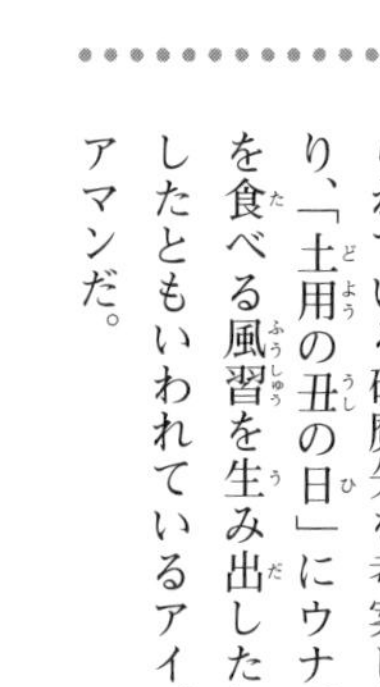

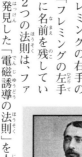

百万《ひゃくまん》ボルトひとみ

電気《でんき》クイズQ&A《キューアンドエー》

Q「ボルト」は何《なに》を表《あらわ》す単位《たんい》?

①電力《でんりょく》 ②電流《でんりゅう》 ③電圧《でんあつ》

A
③電圧《でんあつ》　ボルト（V）は電圧《でんあつ》の単位《たんい》。くわしくは48ページで。

電気《でんき》クイズQ&A《キューアンドエー》

Q 豆電球《まめでんきゅう》につないだ乾電池《かんでんち》を増《ふ》やしたときに、豆電球《まめでんきゅう》が明《あか》るくなるのは?

①直列《ちょくれつ》
②並列《へいれつ》

A ①直列《ちょくれつ》　直列《ちょくれつ》つなぎだと乾電池《かんでんち》の数《かず》が増《ふ》えれば豆電球《まめでんきゅう》は明《あか》るくなる。並列《へいれつ》つなぎでは明《あか》るさは変《か》わらない。

電気《でんき》クイズQ&A《キューアンドエー》

Q 電磁石《でんじしゃく》を作《つく》ることができるのはどれ？

①アルミ缶《かん》 ②スチール缶《かん》 ③ペットボトル

A ②スチール缶《かん》　鉄《てつ》が多《おお》く混《ま》ざっているから、コイルの芯《しん》にすると電磁石《でんじしゃく》になるんだ。

「電流《でんりゅう》」と「電圧《でんあつ》」はどう違《ちが》う？

「電流《でんりゅう》」は電気《でんき》が流《なが》れる量《りょう》
「電圧《でんあつ》」は電気《でんき》を流《なが》す力《ちから》

Part《パート》1でも説明《せつめい》した、アンペアという単位《たんい》で表《あらわ》す「電流《でんりゅう》」と、ボルトという単位《たんい》で表《あらわ》す「電圧《でんあつ》」。この2つは何《なに》が違《ちが》うのだろう？　簡単《かんたん》にいうと、「電流《でんりゅう》」は流《なが》れる電《でん》気《き》の量《りょう》で、「電圧《でんあつ》」は電気《でんき》を流《なが》す力《ちから》の大《おお》きさのことだ。

それだけじゃピンとこないと思《おも》うから、水《みず》で考《かんが》えてみよう。水道《すいどう》の蛇口《じゃぐち》から水《みず》を流《なが》すとする。そのときに、ハンドルを開《ひら》けば開《ひら》くほど、水《みず》を押《お》し出《だ》す力《ちから》が増《ふ》えて、蛇口《じゃぐち》から出《で》る水《みず》の量《りょう》も多《おお》くなる。逆《ぎゃく》にハンドルを閉《し》めれば、水《みず》の勢《いきお》いは減《へ》り、量《りょう》も少《すく》なくなる。電気《でんき》の流《なが》れでいうと、蛇口《じゃぐち》から出《で》てくる水《みず》の量《りょう》が電流《でんりゅう》で、水《みず》を押《お》し出《だ》す勢《いきお》いが電圧《でんあつ》に当《あ》たるんだ。

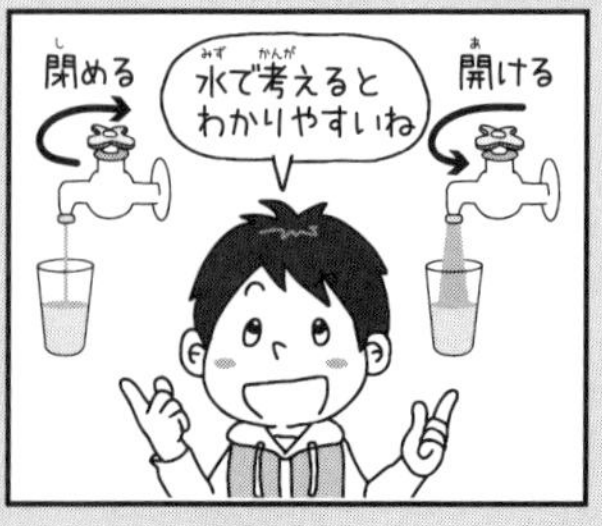

同《おな》じ方向《ほうこう》に流《なが》れる「直流《ちょくりゅう》」と流《なが》れが変《か》わる「交流《こうりゅう》」がある

そして、電気《でんき》の流《なが》れ方《かた》には「直流《ちょくりゅう》」と「交流《こうりゅう》」の2種類《しゅるい》がある。直流《ちょくりゅう》は、電気《でんき》が決《き》まった方向《ほうこう》に流《なが》れ、流《なが》れる強《つよ》さも常《つね》に同《おな》じ。それに対《たい》して交流《こうりゅう》は、電気《でんき》の流《なが》れ（電流《でんりゅう》）も勢《いきお》い（電圧《でんあつ》）も交互《こうご》に変《か》わるんだ。

みんなの身近《みぢか》なところでも、直流《ちょくりゅう》と交流《こうりゅう》の両方《りょうほう》が使《つか》われている。乾電池《かんでんち》は直流《ちょくりゅう》だ。乾電池《かんでんち》の電気《でんき》の流《なが》れには向《む》きがあり、出《で》っぱっているほうのプラス極《きょく》から、平《たい》らになっているほうのマイナス極《きょく》に電気《でんき》が流《なが》れる。乾電池《かんでんち》で動《うご》くものには、乾電池《かんでんち》をセットする向《む》きが決《き》められていて、プラス極《きょく》とマイナス極《きょく》を逆《ぎゃく》に入《い》れてしまうと、電気《でんき》の通《とお》り道《みち》ができずに動《うご》かないんだよ。

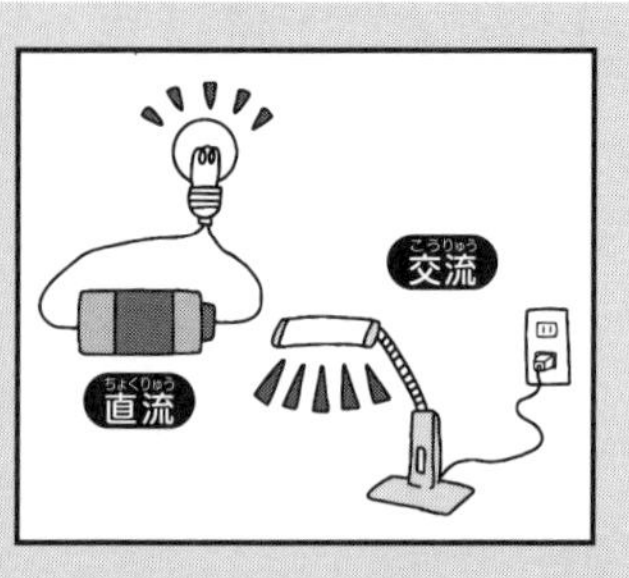

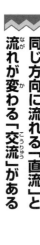

逆《ぎゃく》に、家《いえ》にあるコンセントは、プラグをどちらに向《む》けてさしても使《つか》えるはずだ。それは、電気《でんき》の流《なが》れる向《む》きが変《か》わる交流《こうりゅう》を使《つか》っているからなんだよ。

電力《でんりょく》とは、電気《でんき》がある時間《じかん》の中《なか》で仕事《しごと》をする量《りょう》のこと

さらに、電流《でんりゅう》と電圧《でんあつ》によって一定《いってい》の時間《じかん》に電気《でんき》がする仕事《しごと》の量《りょう》が決《き》まる。それが、ワット（W）という単位《たんい》で表《あらわ》す「電力《でんりょく》」だ。電力《でんりょく》とは、消費《しょうひ》される電気《でんき》エネルギー量《りょう》のことで、このような式《しき》で表《あらわ》せるよ。

電力《でんりょく》（W）＝電圧《でんあつ》（V）×電流《でんりゅう》（A）

かけ算《ざん》だから、電圧《でんあつ》が大《おお》きくなれば電力《でんりょく》は大《おお》きくなるし、電流《でんりゅう》が大《おお》きくなっても電力《でんりょく》は大《おお》きくなるね。

また、電気製品《でんきせいひん》や電子機器《でんしきき》を動《うご》かすときに、ある時間内《じかんない》に使《つか》う電気《でんき》の量《りょう》を「消費電力《しょうひでんりょく》」といい、「kW（キロワット）」で表《あらわ》すことが多《おお》い。kWはkmやkgと同《おな》じように、W（ワット）の1000倍《ばい》を表《あらわ》す単位《たんい》だ。

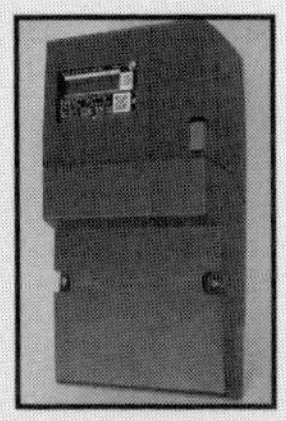

▶消費電力量《しょうひでんりょくりょう》を測《はか》る電力量計《でんりょくりょうけい》（スマートメーター）。
写真提供／東京電力パワーグリッド株式会社

そして、実際《じっさい》に使《つか》った電気《でんき》の量《りょう》を「消費電力量《しょうひでんりょくりょう》」というんだ。消費電力量《しょうひでんりょくりょう》＝消費電力《しょうひでんりょく》×使用時間《しようじかん》となり、「kWh（キロワットアワー）」で表《あらわ》す。毎月《まいつき》はらう家《いえ》の電気代《でんきだい》は、この消費電力量《しょうひでんりょくりょう》をもとに計算《けいさん》されているよ。

電気《でんき》は便利《べんり》だけど危険《きけん》なものでもある

お父《とう》さんやお母《かあ》さん、学校《がっこう》の先生《せんせい》などから、「電線《でんせん》にさわってはいけない」とか、「雷《かみなり》が鳴《な》っていたら高《たか》い木《き》に近《ちか》づいてはいけない」と言《い》われたことのある人《ひと》も多《おお》いかもしれないね。これらがなぜだめなのかというと、体《からだ》に多《おお》くの電気《でんき》が流《なが》れると、とても危険《きけん》だからなんだ。

まんがやアニメなどで、体《からだ》にビリビリッと電気《でんき》が流《なが》れて骨《ほね》まで見《み》えてしまうというようなシーンがあるけれど、これは体《からだ》の中《なか》を電気《でんき》が流《なが》れて痛《いた》みを受《う》ける「感電《かんでん》」や「電《でん》気《き》ショック」を表現《ひょうげん》したもの。まんがやアニメだからおもしろく描《えが》かれているけど、実際《じっさい》に感電《かんでん》してしまったら大変《たいへん》なことになるんだよ。

34ページで説明《せつめい》した、体《からだ》に常《つね》に流《なが》れている電気《でんき》は、体《からだ》に影響《えいきょう》を与《あた》えないくらいのほんの少《すこ》しの量《りょう》だから問題《もんだい》ない。でも、ドアノブにさわってバチッとなる静電気《せいでんき》は、一《いっ》

瞬《しゅん》だけど痛《いた》いよね？　それは体《からだ》にふだん流《なが》れている電《でん》気《き》の量《りょう》より多《おお》いから。ただそれでも、流《なが》れている電気《でんき》の量《りょう》は数《すう》mA（ミリアンペア／A《アンペア》の1000分《ぶん》の1を表《あらわ》す単《たん》位《い》）とかなり少《すく》ないんだ。だから、痛《いた》いと感《かん》じる程度《ていど》で済《す》むんだよ。人《ひと》の体《からだ》に電気《でんき》が流《なが》れた場合《ばあい》、電流《でんりゅう》の大《おお》きさによって、通常《つうじょう》の人《ひと》なら体《からだ》の反応《はんのう》は次《つぎ》のようになる。

●0〜0・5mA
電流《でんりゅう》を感知《かんち》できない。

●1mA
少《すこ》しビリッと感《かん》じる。少《すこ》しチクチクする。

●5mA
痛《いた》いと感《かん》じる。

●10mA
息《いき》が苦《くる》しくなる。耐《た》えられないほどの苦痛《くつう》を感《かん》じる。

●20mA
体《からだ》の自由《じゆう》がきかなくなる。長時間《ちょうじかん》さわっていると死亡《しぼう》する危険性《きけんせい》がある。

●50mA以上《いじょう》
とても強《つよ》いショックを受《う》け、呼吸《こきゅう》ができなくなる。心《しん》臓停止《ぞうていし》や火傷《やけど》などで、死亡《しぼう》する可能性《かのうせい》が高《たか》くなる。

電流《でんりゅう》の数値《すうち》が大《おお》きくなればなるほど、つまり流《なが》れる電《でん》気《き》の量《りょう》が多《おお》くなればなるほど、体《からだ》に与《あた》える影響《えいきょう》は大《おお》きくなり、最悪《さいあく》の場合《ばあい》は命《いのち》に関《かか》わることもある。電気《でんき》は便利《べんり》だけど、正《ただ》しく扱《あつか》わないと、とても危険《きけん》なものでもあるということを覚《おぼ》えておこう。

特別《とくべつ》コラム

なぜ鳥《とり》は電線《でんせん》に止《と》まっても感電《かんでん》しないの？

街《まち》によくある電線《でんせん》では、家庭《かてい》で使《つか》う約《やく》60倍《ばい》もの電圧《でんあつ》で電気《でんき》を送《おく》っている。カラスやスズメなどの鳥《とり》はよく電線《でんせん》に止《と》まっているけど、なぜ感電《かんでん》しないのだろう？　それは、1本《ぼん》の電線《でんせん》にしかふれていないからなんだ。

電気《でんき》は、通《とお》り道《みち》があるから流《なが》れる。1本《ぼん》の電線《でんせん》に2本《ほん》の足《あし》を置《お》いているぶんには、電気《でんき》は電線《でんせん》の中《なか》にしか流《なが》れない。でももし、2本《ほん》の電線《でんせん》に片足《かたあし》ずつさわったり、電線《でんせん》と地面《じめん》に同時《どうじ》にさわったりしたら、体《からだ》の中《なか》を電気《でんき》が通《とお》って感電《かんでん》してしまうんだ。人間《にんげん》は地面《じめん》に立《た》っているから、その状《じょう》態《たい》で電線《でんせん》にさわったり、電《でん》線《せん》に引《ひ》っかかったものにさわったりすると、感電《かんでん》してしまって危険《きけん》だよ。

電《でん》気《き》でものを動《うご》かす「モータ」のしくみ

モータが電気《でんき》エネルギーを機械《きかい》エネルギーに変《か》える

では、電気《でんき》をどのように使《つか》って、掃除機《そうじき》やエアコンなどの電気機器《でんききき》を動《うご》かしているのだろう？　そのカギをにぎっているのが、「モータ」。モータというのは、日本語《にほんご》でいえば「電動機《でんどうき》」で、その名《な》の通《とお》り電気《でんき》で動《うご》く機械《きかい》。電気《でんき》エネルギーを、物《もの》を動《うご》かす機械《きかい》エネルギーに変《か》える装置《そうち》のことだ。

モータに電気《でんき》が流《なが》れると、モータの中《なか》で電気《でんき》のエネルギーが回転《かいてん》する運動《うんどう》に変《か》えられて、モータの軸《じく》が回《まわ》る。その力《ちから》を利用《りよう》して、電気機器《でんききき》を動《うご》かすんだ。

モータが生《う》み出《だ》す力《ちから》は、電流《でんりゅう》の大《おお》きさによって変《か》わる。モータに流《なが》す電流《でんりゅう》を大《おお》きくすれば、モータの回転《かいてん》は、より大《おお》きい力《ちから》を生《う》み出《だ》すことができるようになるんだ。

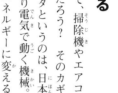

家電製品《かでんせいひん》だけでなく、ドラえもんのまんがによく登場《とうじょう》するラジコンなど、電気《でんき》で動《うご》くおもちゃの多《おお》くにモータが内蔵《ないぞう》されている。電池《でんち》をセットすることで電気《でんき》を流《なが》し、モータがその電気《でんき》を力《ちから》に変《か》えることによっておもちゃが動《うご》いているんだ。

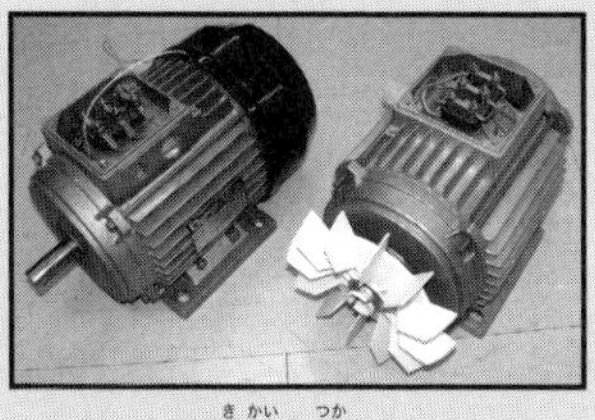
▲いろいろな機械《きかい》に使《つか》われているモータ。

モータのしくみは電磁石《でんじしゃく》の性質《せいしつ》を利用《りよう》したもの

では、モータはどのようなしくみで動《うご》くのだろう？　モータが動《うご》くしくみは、37ページに登場《とうじょう》したファラデーの発見《はっけん》を応用《おうよう》したもので、動《うご》く原理《げんり》となっているのは、40ページに登場《とうじょう》した「フレミングの左手《ひだりて》の法則《ほうそく》」だ。

鉄《てつ》の棒《ぼう》に電線《でんせん》をぐるぐると何重《なんじゅう》にも巻《ま》き付《つ》けたものをコイルといい、これに電気《でんき》を流《なが》すと磁力《じりょく》が発生《はっせい》し、磁石《じしゃく》になる。これを「電磁石《でんじしゃく》」というんだ。電磁石《でんじしゃく》は、磁石《じしゃく》だからN極《エヌきょく》とS極《エスきょく》が存在《そんざい》するのだけど、普通《ふつう》の磁石《じしゃく》と違《ちが》って、電磁石《でんじしゃく》では電流《でんりゅう》の向《む》きを変《か》えるとN《エヌ》極《きょく》とS《エス》極《きょく》が入《い》れ替《か》わるんだ。

磁石《じしゃく》は、N《エヌ》極《きょく》とS《エス》極《きょく》を近《ちか》づけるとお互《たが》いが引《ひ》き寄《よ》せ合《あ》い、N《エヌ》極《きょく》とN《エヌ》極《きょく》、もしくはS《エス》極《きょく》とS《エス》極《きょく》を近《ちか》づけると反発《はんぱつ》し合《あ》うというのは知《し》っているかな？　モータは、この磁《じ》石《しゃく》の性質《せいしつ》と、電磁石《でんじしゃく》に流《なが》す電流《でんりゅう》の向《む》きを変《か》えるとN《エヌ》極《きょく》とS《エス》極《きょく》が入《い》れ替《か》わるという性質《せいしつ》を利用《りよう》したものなんだ。

N《エヌ》極《きょく》とS《エス》極《きょく》の磁石《じしゃく》を左右《さゆう》に配置《はいち》し、中心《ちゅうしん》に電磁石《でんじしゃく》を回《かい》転《てん》できるように設置《せっち》する。その状態《じょうたい》でコイルに電流《でんりゅう》を流《なが》すと、同《おな》じ極同士《きょくどうし》は反発《はんぱつ》し合《あ》い、異《こと》なる極同士《きょくどうし》は引《ひ》き合《あ》うために、電磁石《でんじしゃく》は回転《かいてん》して反対側《はんたいがわ》を向《む》くよね。

それだけでは反対側《はんたいがわ》を向《む》いたところで止《と》まってしまうけど、引《ひ》き合《あ》って止《と》まりそうになるときに、電流《でんりゅう》の向《む》きを逆《ぎゃく》にして電磁石《でんじしゃく》のN《エヌ》極《きょく》とS《エス》極《きょく》を入《い》れ替《か》える。そうすると、それまで引《ひ》き寄《よ》せ合《あ》っていた極同士《きょくどうし》が反発《はんぱつ》し合《あ》う極同士《きょくどうし》に変《か》わり、逆《ぎゃく》に反《はん》発《ぱつ》し合《あ》っていた極同士《きょくどうし》が引《ひ》き寄《よ》せ合《あ》う極同士《きょくどうし》に変《か》わる。それを繰《く》り返《かえ》すことで、回転運《かいてんうん》動《どう》が続《つづ》くんだ。

ちなみに、まわりの磁石《じしゃく》の部分《ぶぶん》を「ステータ」、中心《ちゅうしん》にある電磁石《でんじしゃく》を「ロータ」という。これがモータの基本的《きほんてき》な構造《こうぞう》だよ。

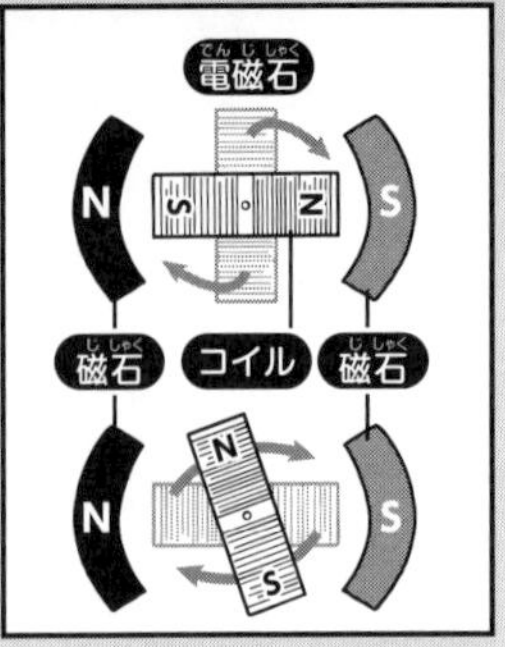

▲モータは、極同士《きょくどうし》の引《ひ》き合《あ》う力《ちから》、反発《はんぱつ》し合《あ》う力《ちから》を利用《りよう》して回転運動《かいてんうんどう》をうみ出《だ》している。

電気《でんき》を「使《つか》う」のがモータ
電気《でんき》を「つくる」のが発電機《はつでんき》

Part《パート》1でも説明《せつめい》したように、電気《でんき》というのは自然《しぜん》にも存《そん》在《ざい》するけど、みんながふだん使《つか》えるようにするには、これをたくさんつくり出《だ》さなくてはならない。

では、電気《でんき》はどのようにつく

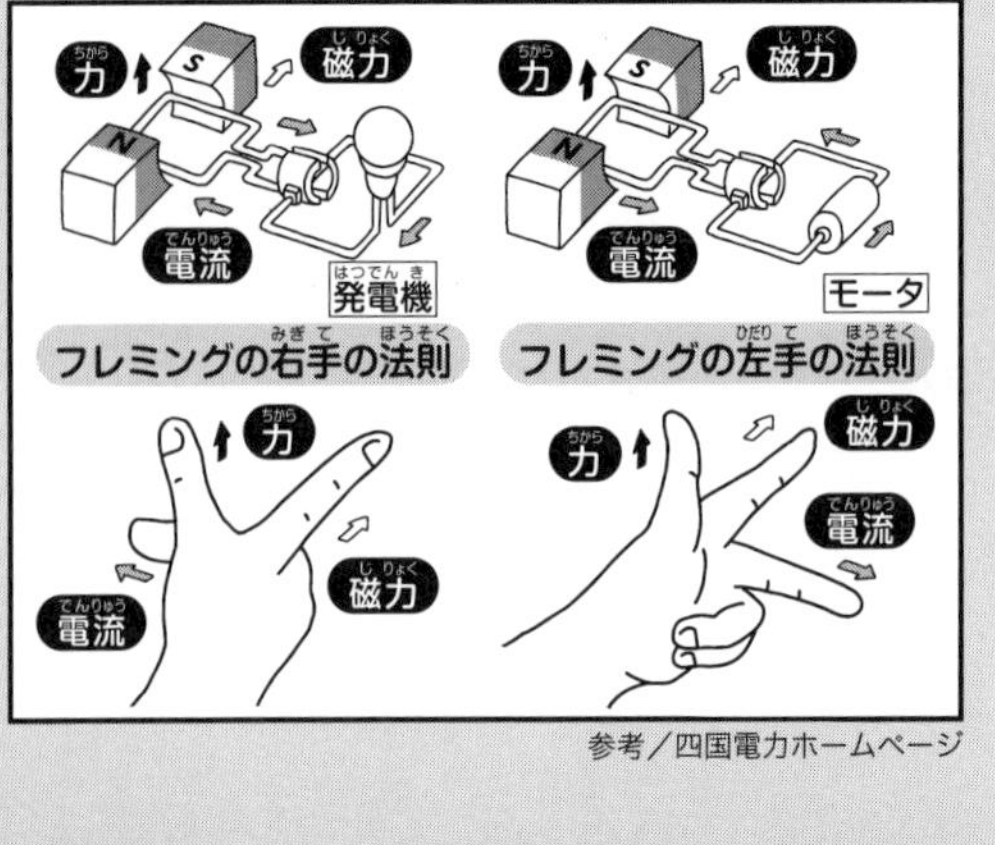

参考／四国電力ホームページ

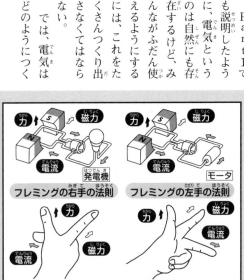

られているのだろう？　電気《でんき》をつくることを「発電《はつでん》」といって、つくる機械《きかい》を「発電機《はつでんき》」という。発電機《はつでんき》のしくみはモータのしくみと同《おな》じ。磁力《じりょく》と電流《でんりゅう》を使《つか》って力《ちから》を発生《はっせい》させるのがモータで、磁力《じりょく》と力《ちから》を使《つか》って電流《でんりゅう》を発生《はっせい》させるのが発電機《はつでんき》だ。発電機《はつでんき》は、ファラデーが発見《はっけん》した「電磁《でんじ》誘導《ゆうどう》の法則《ほうそく》」を応用《おうよう》したもので、原理《げんり》となっているのは「フレミングの右手《みぎて》の法則《ほうそく》」だよ。

自転車《じてんしゃ》についているライトは最《もっと》も身近《みぢか》な発電機《はつでんき》

最近《さいきん》はスイッチを入《い》れるだけで明《あ》かりがつくものも多《おお》くなってきたけど、自転車《じてんしゃ》の前輪《ぜんりん》の横《よこ》についているタイプのライトがあるよね。あれも発電《はつでん》によって光《ひか》っているんだ。

自転車《じてんしゃ》の前輪《ぜんりん》の横《よこ》についているライトの多《おお》くは、自転車《じてんしゃ》を走《はし》らせることで明《あか》るくなるよね。限界《げんかい》はあるけど、ペダルをこぐ力《ちから》を強《つよ》く（走《はし》るスピードを速《はや》く）すればするほど明《あか》るくなるし、ペダルをこぐ力《ちから》を弱《よわ》く（走《はし》るスピードを遅《おそ》く）すれば暗《くら》くなる。そして、ペダルをこぐのをやめれば、明《あ》かりは消《き》える。

そういうしくみで光《ひか》るライトには、前輪《ぜんりん》の横《よこ》に小《ちい》さな筒《つつ》のようなものがついていたり、前輪《ぜんりん》の軸《じく》が太《ふと》くなっていたりする。これは「ダイナモ」という発電機《はつでんき》。自転車《じてんしゃ》の前輪《ぜんりん》の回転《かいてん》に合《あ》わせて、ダイナモのローラもいっしょに回《まわ》るしくみになっていて、タイヤが回転《かいてん》する力《ちから》を電力《でんりょく》に変《か》えることでライトが光《ひか》るようになっているんだ。

▲自転車《じてんしゃ》のダイナモ。

特別《とくべつ》コラム　体内《たいない》で発電《はつでん》できる動物《どうぶつ》もいる

自分《じぶん》の体《からだ》の中《なか》で電気《でんき》を発生《はっせい》させて相手《あいて》をしびれさせる動物《どうぶつ》もいる。代表的《だいひょうてき》なのは電気《でんき》ウナギだ。その電圧《でんあつ》は、何《なん》と800ボルト！　家庭《かてい》で使《つか》う電圧《でんあつ》がだいたい100ボルトだから、その８倍《ばい》も強《つよ》い電気《でんき》を出《だ》すことができるんだ。

電気《でんき》ウナギは体内《たいない》で電気《でんき》をつくっている。弱《よわ》い電気《でんき》をレーダーのように使《つか》ってえさとなる小魚《こざかな》を探《さが》し、強《つよ》い電気《でんき》を出《だ》して相手《あいて》をしびれさせるんだ。もちろん、自分《じぶん》は感電《かんでん》しないように体《からだ》がつくられているよ。ほかにも、電気《でんき》ナマズやシビレエイなどが、体内《たいない》で電気《でんき》をつくることができるんだ。

さまざまな場所《ばしょ》で働《はたら》くモータ

直線的《ちょくせんてき》に運動《うんどう》するリニアモータ

モータが動《うご》くしくみはわかったかな？　それでは今度《こんど》は、モータにはどのような種類《しゅるい》があって、どんなところで活躍《かつやく》しているのかを知《し》ろう。

回転運動《かいてんうんどう》によって力《ちから》を生《う》み出《だ》すのが普《ふ》通《つう》のモータ。そのモータの構造《こうぞう》を平《たい》らに伸《の》ばし、電力《でんりょく》を直線《ちょくせん》的《てき》な運動《うんどう》に変《か》えるのが「リニアモータ」だ。原理《げんり》は回転型《かいてんがた》モータとまったく同《おな》じで、磁石《じしゃく》と電流《でんりゅう》の引《いん》力《りょく》・反発力《はんぱつりょく》を利用《りよう》したものだよ。

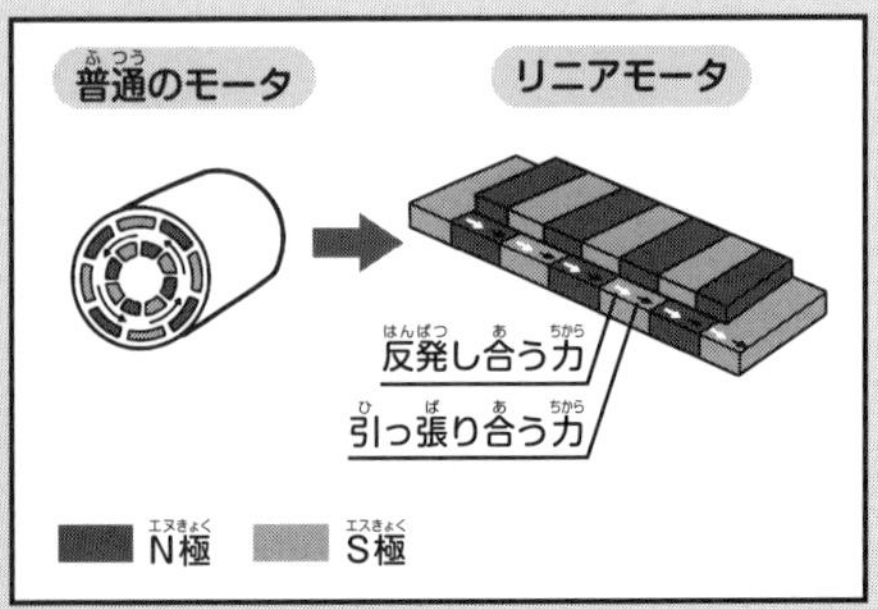

しくみは、直線上《ちょくせんじょう》にN極《エヌきょく》とS極《エスきょく》を交互《こうご》に並《なら》べておいて、その上《うえ》に電磁石《でんじしゃく》を走《はし》らせるイメージだ。回転型《かいてんがた》モータが、中心《ちゅうしん》にあるロータのN極《エヌきょく》とS極《エスきょく》を入《い》れ替《か》えて回転《かいてん》させるように、リニアモータは磁石《じしゃく》の上《うえ》に乗《の》っているロータに流《なが》れる電流《でんりゅう》の向《む》きを変《か》えることでN極《エヌきょく》とS極《エスきょく》を入《い》れ替《か》えて、直線的《ちょくせんてき》に動《うご》かすことができるんだ。

身近《みぢか》なところで、リニアモータが使《つか》われているものを挙《あ》げてみよう。まず地下鉄《ちかてつ》のいくつかはリニアモータで走《はし》っている。日本《にほん》では、１９９０年《ねん》に大阪市営地下鉄《おおさかしえいちかてつ》の長堀鶴見緑地線《ながほりつるみりょくちせん》で初《はじ》めて実用化《じつようか》された。今《いま》ではほかにも、東京都営《とうきょうとえい》の大江戸線《おおえどせん》、神戸市営《こうべしえい》の海岸線《かいがんせん》、福岡市営《ふくおかしえい》の七《なな》隈線《くません》、大阪市営《おおさかしえい》の今里筋線《いまざとすじせん》、横浜市営《よこはましえい》のグリーンライン、仙台市営《せんだいしえい》の東西線《とうざいせん》がリニア地下鉄《ちかてつ》だよ。

ほかにも、エレベーターや電動《でんどう》カーテン、お父《とう》さんがひげをそるのに使《つか》っているかもしれない電動《でんどう》シェーバーなどにも使《つか》われていることがある。そして、リニアモータを利用《りよう》した最《もっと》も代表的《だいひょうてき》なものが「リニアモーターカー」。これについてはＰａｒｔ《パート》４でくわしく説明《せつめい》するね。

磁力《じりょく》で動《うご》くだけではない さまざまな特殊《とくしゅ》モータ

ほかにもいろいろなしくみのモータがあり、最近《さいきん》は身《み》近《ぢか》なところで使《つか》われるようになってきているよ。

特殊《とくしゅ》モータと呼《よ》ばれるものの一《ひと》つが、「超音波《ちょうおんぱ》モータ」だ。超音波《ちょうおんぱ》とは、人間《にんげん》の耳《みみ》には聞《き》こえない高《たか》い音《おと》のことで、イルカやコウモリが出《だ》しているものだよ。超音波《ちょうおんぱ》モータは、この超音波《ちょうおんぱ》による振動《しんどう》でロータを動《うご》かすしくみ。腕時計《うでどけい》や、ボタン一《ひと》つで窓《まど》を開《あ》けたり閉《し》めたりできる自《じ》動車《どうしゃ》のパワーウインドウ、ピントを調節《ちょうせつ》するためにカメラ用《よう》のレンズなどにも使《つか》われているよ。

さらに、「静電《せいでん》モータ」というものもある。これはその名《な》のとおり、静電気《せいでんき》の力《ちから》を使《つか》うもの。通常《つうじょう》のモータとしくみは似《に》ているけど、磁力《じりょく》を使《つか》うのではなく、静電気《せいでんき》が持《も》つ吸《す》い寄《よ》せる力《ちから》と反発《はんぱつ》する力《ちから》を利《り》用《よう》しているんだよ。

▲カメラ用《よう》のレンズに使《つか》われる超《ちょう》音波《おんぱ》モータ。

写真提供／株式会社ニコンイメージングジャパン

静電《せいでん》モータを世界《せかい》で最初《さいしょ》につくったのが、雷《かみなり》の正体《しょうたい》をつきとめたフランクリン（40ページ参照《さんしょう》）だ。静電《せいでん》モータはそれくらい昔《むかし》からあったけど、力《ちから》が弱《よわ》いとされ、コイル式《しき》の回転型《かいてんがた》モータが主流《しゅりゅう》になって存在感《そんざいかん》がうすくなっていった。しかし最近《さいきん》、機械《きかい》が小型化《こがたか》していく中《なか》で、静電《せいでん》モータが見直《みなお》され始《はじ》めた。コイル式《しき》のモータでは小《ち》さくするのに限界《げんかい》があるけど、静電《せいでん》モータは超《ちょう》小型《こがた》にすることができるからなんだ。そうして研究《けんきゅう》が進《すす》み、その技術《ぎじゅつ》や性能《せいのう》も上《あ》がっているんだよ。

特別《とくべつ》コラム

モータの親戚《しんせき》「ソレノイド」

「ソレノイド」というものもある。電磁《でんじ》エネルギーを力《ちから》に変《か》える装置《そうち》で、力《ちから》を生《う》み出《だ》すという意味《いみ》ではモータの一種《いっしゅ》といえる。ただ、モータと大《おお》きく違《ちが》うのは、構造《こうぞう》がとても単純《たんじゅん》なことだ。

これまでに説明《せつめい》してきたモータは、電極《でんきょく》を切《き》り替《か》えて電磁石《でんじしゃく》を回《まわ》すなどのしかけによって力《ちから》を生《う》み出《だ》しているけど、ソレノイドはコイルに電気《でんき》を流《なが》すだけで力《ちから》が発生《はっせい》するしくみになっている。構造《こうぞう》が簡単《かんたん》で値段《ねだん》も安《やす》いので、最近《さいきん》は自動車《じどうしゃ》の部《ぶ》品《ひん》や家電製品《かでんせいひん》などにも使《つか》われるようになっているよ。

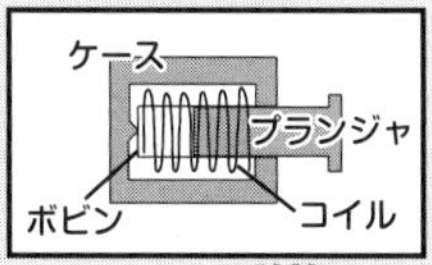

▲ソレノイドの構造《こうぞう》はモータよりも単純《たんじゅん》。

ちく電《でん》スーツ

いってよし。
しびれないなんていったら、ぶんなぐられるんだ。
あんないんちきじゃなく、ほんとにしびれさせてやりたいな。
やってみるか。
「ちく電《でん》スーツ」
下《した》じきをこすると、紙《かみ》がすいつくだろ。
あれは電《でん》気《き》がおこるからだ。
くらやみでネコをなでると火花《ひばな》が散《ち》る。
電《でん》気《き》のせいだ。
そのスーツをじかに身《み》につけてうごきまわると電《でん》気《き》がおき……。
どんどんたまっていくんだ。
ただし気《き》をつけるべき点《てん》は……。
あれっ、もう着《き》ていったのか。

電気《でんき》クイズQ&A《キューアンドエー》

Q 日本《にほん》で初《はじ》めてつくられたのは、どんな発電所《はつでんしょ》？

①火力発電所《かりょくはつでんしょ》
②水力発電所《すいりょくはつでんしょ》
③原子力発電所《げんしりょくはつでんしょ》

A

①火力発電所《かりょくはつでんしょ》　1887年《ねん》に、日本初《にほんはつ》の電気事業会社《でんきじぎょうがいしゃ》である「東京電燈《とうきょうでんとう》」が火力発電所《かりょくはつでんしょ》を完成《かんせい》させた。

ビガ
ビガ
放電《ほうでん》が始《はじ》まってる。
ついに一万《まん》ボルトをこしたな。
ゴロゴロ
あぶなくて近《ちか》よれない。
そんなこといわないでたすけて。
はやくたまった電気《でんき》を使《つか》っちゃうよりしかたがないよ。

こんなにたくさん！いろいろな発電法《はつでんほう》

私《わたし》たちがいつも使《つか》う電気《でんき》は発電所《はつでんしょ》で大量《たいりょう》につくられている

電気《でんき》は自然《しぜん》の中《なか》にも存在《そんざい》するけど、みんながふだん使《つか》えるようにするには、危険《きけん》が少《すく》ない状態《じょうたい》にして、なおかつたくさんつくり出《だ》さなくてはならないんだ。

では、私《わたし》たちが家《いえ》や学校《がっこう》など、日常生活《にちじょうせいかつ》の中《なか》で使《つか》っている電気《でんき》は、どこでつくられているのだろう？ そう、その答《こた》えは「発電所《はつでんしょ》」だ。発電所《はつでんしょ》で行《おこな》われている発電《はつでん》の方《ほう》法は、「電磁気学《でんじきがく》の父《ちち》」ファラデー（37ページ参照《さんしょう》）が発《はっ》見《けん》した発電機《はつでんき》の原理《げんり》を応用《おうよう》し、磁力線《じりょくせん》の中《なか》でコイルを回《かい》転《てん》させるというもの。発電所《はつでんしょ》にある発電機《はつでんき》では、とても大《おお》きな「タービン」という羽根車《はねぐるま》を、1秒間《びょうかん》に何十回《なんじっかい》転《てん》というすごく速《はや》いスピードで動《うご》かすことによって発電機《はつでんき》を回《まわ》し、電気《でんき》をつくり出《だ》しているんだ。

写真提供／株式会社JERA

▲発電所《はつでんしょ》のタービン。

世界《せかい》では火力《かりょく》、水力《すいりょく》、原子力《げんしりょく》の3つの発電方法《はつでんほうほう》が主力《しゅりょく》

発電《はつでん》の方法《ほうほう》にはいくつもの種類《しゅるい》がある。火力発電《かりょくはつでん》、水力《すいりょく》発電《はつでん》、原子力発電《げんしりょくはつでん》、風力発電《ふうりょくはつでん》、地熱発電《ちねつはつでん》、太陽光発電《たいようこうはつでん》、太陽《たいよう》熱発電《ねつはつでん》、波力発電《はりょくはつでん》、潮流発電《ちょうりゅうはつでん》、バイオマス発電《はつでん》などだ。

このうち、世界《せかい》で最《もっと》も多《おお》く利用《りよう》されているのが火力発《かりょくはつ》電《でん》。発電方法《はつでんほうほう》の割合《わりあい》を見《み》ると、火力発電《かりょくはつでん》が日本《にほん》では全発《ぜんはつ》電電力量《でんでんりょくりょう》の約《やく》85%、世界《せかい》でも70%近《ちか》くを占《し》めている。続《つづ》いてよく知《し》られているのが、水力発電《すいりょくはつでん》と原子力発電《げんしりょくはつでん》。日本《にほん》では、この3種類《しゅるい》の発電《はつでん》で、全発電電力《ぜんはつでんでんりょく》の95%以上《いじょう》を占《し》めているんだ。ここからは主《おも》な発電方法《はつでんほうほう》を説明《せつめい》するよ。

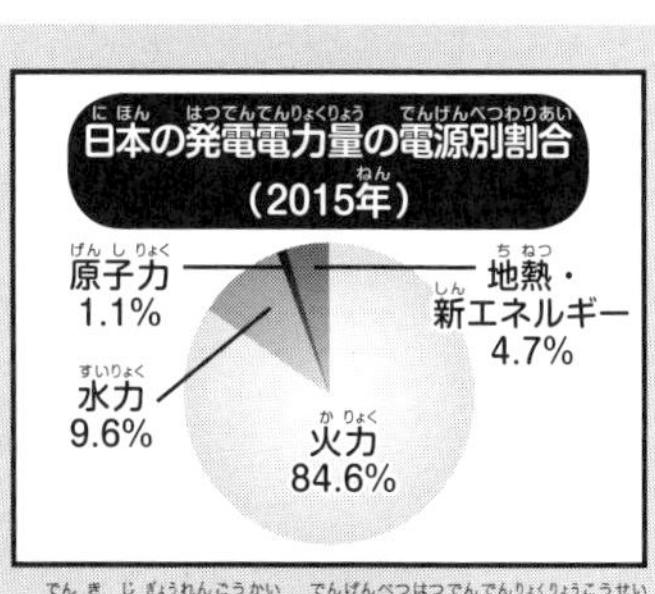
日本《にほん》の発電電力量《はつでんでんりょくりょう》の電源別割合《でんげんべつわりあい》
（2015年《ねん》）
原子力《げんしりょく》
1.1%
地熱《ちねつ》・
新《しん》エネルギー
4.7%
水力《すいりょく》
9.6%
火力《かりょく》
84.6%

▲電気事業連合会《でんきじぎょうれんごうかい》「電源別発電電力量構成《でんげんべつはつでんでんりょくりょうこうせい》比《ひ》」（2016年《ねん》5月《がつ》20日《か》発表《はっぴょう》）より

●火力発電《かりょくはつでん》

石炭《せきたん》や石油《せきゆ》、天然《てんねん》ガスなどの燃料《ねんりょう》（化石燃料《かせきねんりょう》という）を燃《も》やして水《みず》を熱《ねっ》し、温度《おんど》と圧力《あつりょく》の高《たか》い蒸気《じょうき》でタービンを回転《かいてん》させる方法《ほうほう》が一般的《いっぱんてき》。燃料《ねんりょう》の割合《わりあい》は、石油《せきゆ》の利用《りよう》が年々《ねんねん》減《へ》っている代《か》わりに、石炭《せきたん》と天然《てんねん》ガスの利用《りよう》が増《ふ》えている。

ほかの発電方法《はつでんほうほう》と比《くら》べて発電量《はつでんりょう》の調整《ちょうせい》が簡単《かんたん》にでき、高《たか》い出力《しゅつりょく》で安定《あんてい》した発電《はつでん》ができるのが特長《とくちょう》。そのため、世界中《せかいじゅう》のほとんどの国《くに》で主流《しゅりゅう》の発電方法《はつでんほうほう》となっているんだ。問題点《もんだいてん》としては、燃料《ねんりょう》を燃《も》やすことで、地球温暖化《ちきゅうおんだんか》の原因《げんいん》となる二酸化炭素《にさんかたんそ》を多《おお》く排出《はいしゅつ》することが挙《あ》げられる。

また、化石燃料《かせきねんりょう》はどの燃料《ねんりょう》も日本《にほん》ではなかなか手《て》に入《はい》らないため、今《いま》はほとんどを海外《かいがい》から輸入《ゆにゅう》しているんだけど、それも地中《ちちゅう》にたくわえられている分《ぶん》しかないので、使《つか》い続《つづ》けるといつかはなくなってしまうんだよ。

写真提供／株式会社JERA

▲天然《てんねん》ガスを燃《も》やして電気《でんき》をつくる火力発電所《かりょくはつでんしょ》（富津火力発電所《ふっつかりょくはつでんしょ》）。

●水力発電《すいりょくはつでん》

水《みず》が高《たか》いところから低《ひく》いところへと流《なが》れる力《ちから》を使《つか》って水車《すいしゃ》を回転《かいてん》させる方法《ほうほう》が一般的《いっぱんてき》。ダム式《しき》、水路式《すいろしき》などの種類《しゅるい》があり、これらの中《なか》で最《もっと》も大《おお》きな電力《でんりょく》をつくることができるのがダム式《しき》だ。

ダムというのは、川《かわ》などの水《みず》をせき止《と》めるために、主《おも》にコンクリートでつくられた巨大《きょだい》な堤防《ていぼう》のこと。日本《にほん》で有名《ゆうめい》なものとしては、富山県《とやまけん》の黒部《くろべ》ダム、長野県《ながのけん》の高瀬《たかせ》ダムなどがある。

自然《しぜん》の力《ちから》を利用《りよう》しているので、燃料《ねんりょう》が必要《ひつよう》なく、地球《ちきゅう》環境《かんきょう》にはやさしい。そして、海《うみ》に囲《かこ》まれていて川《かわ》が多《おお》い日本《にほん》には向《む》いているんだ。ただ、ダムを建設《けんせつ》するためにはとても広《ひろ》い土地《とち》が必要《ひつよう》で、お金《かね》もものすごくかかるんだよ。

写真提供／関西電力株式会社

▲水力発電《すいりょくはつでん》を目的《もくてき》につくられた黒部《くろべ》ダム。

●原子力発電《げんしりょくはつでん》

ウランやプルトニウムなどの「放射性物質《ほうしゃせいぶっしつ》」と呼《よ》ばれる物質《ぶっしつ》に、異《こと》なる物質《ぶっしつ》に変化《へんか》する「核分裂《かくぶんれつ》」と呼《よ》ばれる反《はん》応《のう》を起《お》こさせ、そのときに発生《はっせい》する熱《ねつ》を使《つか》って蒸気《じょうき》をつくり、タービンを回転《かいてん》させる方法《ほうほう》。しくみは火《か》力発電《りょくはつでん》に似《に》ているけど、化石燃料《かせきねんりょう》を燃《も》やさないので二酸化炭素《にさんかたんそ》や有害《ゆうがい》な排気《はいき》ガスが発生《はっせい》しないという特長《とくちょう》がある。また、ウランやプルトニウムは多《おお》くの熱量《ねつりょう》を発生《はっせい》させることができるので、高《たか》い出力《しゅつりょく》で安定《あんてい》した発電《はつでん》ができ、発電《はつでん》コストも、ほかの発《はっ》電方法《でんほうほう》に比《くら》べてそん色《しょく》ない水準《すいじゅん》にあるといわれているよ。

ただ、核分裂《かくぶんれつ》で発生《はっせい》する放射性物質《ほうしゃせいぶっしつ》が大量《たいりょう》にもれるとまわりの環境《かんきょう》に大《おお》きな影響《えいきょう》を与《あた》えてしまう。もちろん、そうならないようにしっかりとした安全対策《あんぜんたいさく》がされているけど、２０１１年《ねん》の東日本大震災《ひがしにほんだいしんさい》のときに起《お》きた福島《ふくしま》第一原子力発電所《だいいちげんしりょくはつでんしょ》事故《じこ》のように、事故《じこ》が起《お》きてしまうと大《おお》きな被害《ひがい》をもたらす可能性《かのうせい》もある。また、使《つか》い終《お》わった燃料《ねんりょう》を処分《しょぶん》する場所《ばしょ》も決《き》まっておらず、その処理《しょり》も大《おお》きな課題《かだい》なんだ。

写真提供／関西電力株式会社

▲核分裂《かくぶんれつ》の反応《はんのう》によって電気《でんき》をつくる原《げん》子力発電所《しりょくはつでんしょ》（大飯発電所《おおいはつでんしょ》）。

地球《ちきゅう》にやさしい再生可能《さいせいかのう》エネルギー

火力発電《かりょくはつでん》に必要《ひつよう》な石炭《せきたん》や石油《せきゆ》などの化石燃料《かせきねんりょう》と呼《よ》ばれるエネルギー資源《しげん》には限《かぎ》りがある。これに対《たい》して、水力《すいりょく》発電《はつでん》のように自然《しぜん》の力《ちから》を利用《りよう》しているものは再生《さいせい》が可《か》能《のう》で、資源《しげん》がなくならず、環境《かんきょう》にもやさしいんだ。その反《はん》面《めん》、面積《めんせき》あたりで得《え》られる電気《でんき》の量《りょう》が少《すく》ないことや、適《てき》した土地《とち》が少《すく》ないといった問題《もんだい》もある。

そういった自然《しぜん》の力《ちから》を利用《りよう》したエネルギーは「再生可《さいせいか》能《のう》エネルギー」といわれ、世界中《せかいじゅう》でこれからさらなる普《ふ》及《きゅう》をめざしている。ここからはそんな再生可能《さいせいかのう》エネルギーを紹介《しょうかい》していくよ。

●風力発電《ふうりょくはつでん》

風《かぜ》の力《ちから》で風車《ふうしゃ》を回《まわ》すことによって発電《はつでん》する。全世界《ぜんせかい》の再生可能《さいせいかのう》エネルギーの中《なか》では発電量《はつでんりょう》が多《おお》い。風《かぜ》がよく吹《ふ》く地《ち》域《いき》では効果的《こうかてき》に発電《はつでん》ができ、すべての発電電力《はつでんでんりょく》

写真提供／東京電力リニューアブルパワー株式会社

▲風《かぜ》の力《ちから》で風車《ふうしゃ》を回《まわ》して発電《はつでん》する風力《ふうりょく》発電所《はつでんしょ》（東伊豆風力発電所《ひがしいずふうりょくはつでんしょ》）。

量《りょう》の30%以上《いじょう》を風力発電《ふうりょくはつでん》でまかなっている国《くに》もある。

●地熱発電《ちねつはつでん》

火山活動《かざんかつどう》のマグマなど、地下《ちか》にあるとても温度《おんど》の高《たか》い熱《ねつ》源《げん》を利用《りよう》して蒸気《じょうき》をつくり発電《はつでん》する。昼《ひる》でも夜《よる》でも常《つね》に安定《あんてい》した発電《はつでん》が可能《かのう》で、火山《かざん》が多《おお》い日本《にほん》には向《む》いている。

●太陽熱発電《たいようねつはつでん》

しくみは火力発電《かりょくはつでん》と同《おな》じ。太陽《たいよう》の光《ひかり》を鏡《かがみ》などで集《あつ》め、その熱《ねつ》を利用《りよう》して蒸気《じょうき》をつくり、タービンを回《まわ》して発電《はつでん》する。広《ひろ》い土地《とち》は必要《ひつよう》だけど、技術的《ぎじゅつてき》にも難《むずか》しくない。しかし、建設《けんせつ》にかかる費用《ひよう》の割《わり》に発電電力量《はつでんでんりょくりょう》が多《おお》くない。

●太陽光発電《たいようこうはつでん》

タービンを使《つか》わない発電方法《はつでんほうほう》。電子《でんし》が光《ひかり》を受《う》けると動《うご》きが活発《かっぱつ》になる性質《せいしつ》を利用《りよう》し、太陽《たいよう》の光《ひかり》からエネルギーを吸収《きゅうしゅう》して発電《はつでん》する。家《いえ》の屋根《やね》などに太陽電池《たいようでんち》（ソーラーパネル）を設置《せっち》して電気《でんき》をつくっている家庭《かてい》もある。

写真提供／川崎市環境局地球環境推進室

▲川崎大規模太陽光発電所《かわさきだいきぼたいようこうはつでんしょ》

●海洋《かいよう》エネルギー発電《はつでん》

海《うみ》から生《う》まれるエネルギーを利用《りよう》した発電方法《はつでんほうほう》。海流《かいりゅう》などの潮《しお》の流《なが》れによる力《ちから》を利用《りよう》する「海流発電《かいりゅうはつでん》」、波《なみ》の上下運動《じょうげうんどう》によって生《しょう》じる力《ちから》を利用《りよう》する「波力発電《はりょくはつでん》」、潮《しお》の満《み》ち引《ひ》きを利用《りよう》する「潮流発電《ちょうりゅうはつでん》」などがある。海《うみ》に囲《かこ》まれている日本《にほん》に向《む》いているが、建設《けんせつ》にかかる費用《ひよう》の割《わり》に発電電力量《はつでんでんりょくりょう》が少《すく》ない。

●バイオマス発電《はつでん》

「バイオ」とは生物《せいぶつ》のことで、木材《もくざい》の切《き》れ端《はし》や、野菜《やさい》の茎《くき》・皮《かわ》、生《なま》ごみ、家畜《かちく》のふん尿《にょう》などを腐《くさ》らせることで発生《はっせい》するガスなど、動物《どうぶつ》や植物《しょくぶつ》からえられる「バイオマス燃料《ねんりょう》」を燃《も》やして発電《はつでん》する。ごみが減《へ》り、資源《しげん》の有効活用《ゆうこうかつよう》になるということで、近年《きんねん》、注目《ちゅうもく》を集《あつ》めている。

燃料《ねんりょう》を燃《も》やすので、火力発電《かりょくはつでん》と同《おな》じように二酸化炭素《にさんかたんそ》を排出《はいしゅつ》するけど、その燃料《ねんりょう》となる植物《しょくぶつ》は、光合成《こうごうせい》で二酸化《にさんか》炭素《たんそ》を吸収《きゅうしゅう》する。だから、二酸化炭素《にさんかたんそ》の排出《はいしゅつ》はほぼ差《さ》し引《ひ》きゼロになると考《かんが》えられているよ。

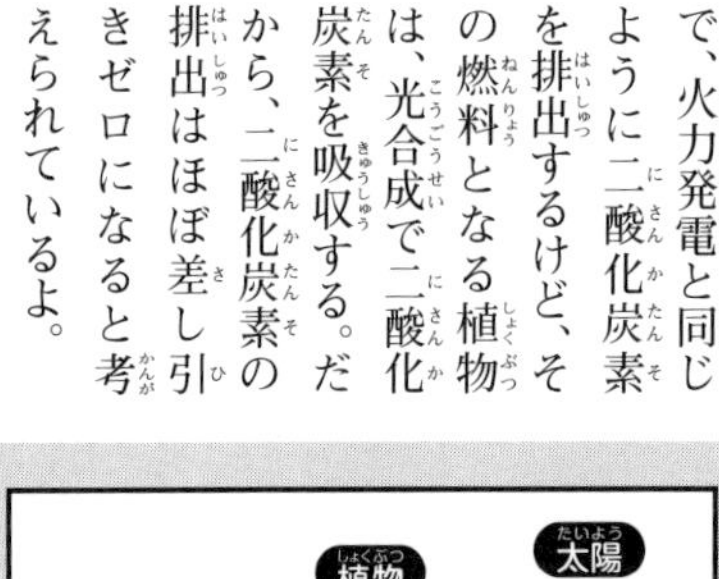

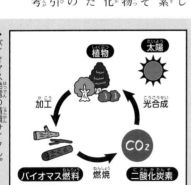

▶バイオマス発電《はつでん》の循環《じゅんかん》サイクル。

人類《じんるい》の努力《どりょく》の結晶《けっしょう》！ 発電《はつでん》の歴史《れきし》

世界初《せかいはつ》の発電機《はつでんき》は 約《やく》190年前《ねんまえ》に発明《はつめい》された

では、今《いま》のように発電所《はつでんしょ》で電気《でんき》をつくってみんなが使《つか》えるようになったのは、いつごろからなのだろう？

世界《せかい》で最初《さいしょ》に発電機《はつでんき》がつくられたのは1832年《ねん》。日《に》本《ほん》はまだ江戸時代《えどじだい》で、鎖国《さこく》をしていたころだ。フランスのピクシーという技術者《ぎじゅつしゃ》が、ファラデーの「電磁誘導《でんじゆうどう》の法則《ほうそく》」を応用《おうよう》して、手《て》で回《まわ》すダイナモ（53ページ参照《さんしょう》）を発明《はつめい》した。これが、実用的《じつようてき》なものとしては、世界初《せかいはつ》の発電《はつでん》機《き》なんだ。

ピクシーのダイナモは、手《て》でハンドルを回《まわ》すことで固《こ》定《てい》されたコイルのそばにあるU字型《じがた》の磁石《じしゃく》を回転《かいてん》させ、電気《でんき》をつくるしくみになっているんだ。今《いま》の発電機《はつでんき》やモータ（電動機《でんどうき》）のもとになっているんだよ。

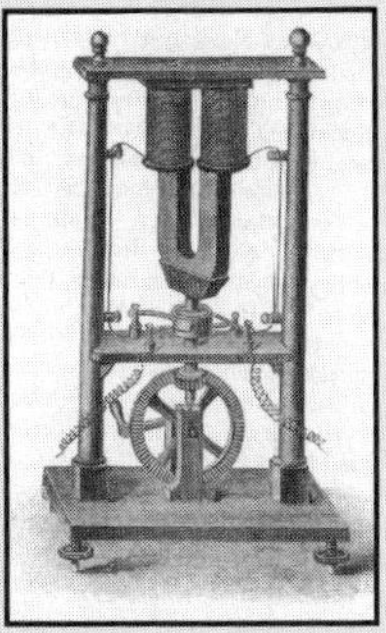
▶ピクシーが発明《はつめい》した手回《てまわ》し式《しき》の発電機《はつでんき》。

世界初《せかいはつ》の発電所《はつでんしょ》を つくったのは、エジソン！

ピクシーが世界初《せかいはつ》の発電機《はつでんき》を発明《はつめい》してから約《やく》50年後《ねんご》の1882年《ねん》に、世界初《せかいはつ》の発電所《はつでんしょ》がつくられた。「発明王《はつめいおう》」エジソンが、たくさんの電灯《でんとう》に明《あ》かりをつけるため、アメリカのニューヨークに、石炭《せきたん》の火力発電所《かりょくはつでんしょ》を完成《かんせい》させたんだ。

一方《いっぽう》、日本《にほん》で初《はじ》めて発電所《はつでんしょ》がつくられたのは、明治時代《めいじじだい》の1887年《ねん》。今《いま》の東京駅《とうきょうえき》がある場所《ばしょ》から1㎞くらい離《はな》れたところ（今《いま》は金融街《きんゆうがい》として有名《ゆうめい》な、日本橋茅場町《にほんばしかやばちょう》）に、石《せき》炭《たん》の火力発電所《かりょくはつでんしょ》ができた。それから、研究《けんきゅう》を重《かさ》ねて技術《ぎじゅつ》も向上《こうじょう》し、さまざまな発電所《はつでんしょ》が

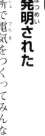

つくられていった。私《わたし》たちのくらしを支《ささ》えてくれている発電所《はつでんしょ》は、今《いま》では日本《にほん》に1400か所以上《しょいじょう》もあるんだよ。

ちなみに、世界初《せかいはつ》の発電所《はつでんしょ》も日本初《にほんはつ》の発電所《はつでんしょ》も、「直流《ちょくりゅう》」の発電所《はつでんしょ》だった。しかし、電気《でんき》を遠《とお》くへ送《おく》るときに、67ページで説明《せつめい》するような、高《たか》い電圧《でんあつ》で送《おく》り出《だ》してだんだんと下《さ》げていくという方法《ほうほう》にしたほうが、電気《でんき》のむだを少《すく》なくすることができるんだ。だから、電圧《でんあつ》を変《か》えにくい直流《ちょくりゅう》ではなく、電圧《でんあつ》を自在《じざい》に変《か》えやすい交流《こうりゅう》が、やがて主流《しゅりゅう》になっていったんだよ。

特別《とくべつ》コラム

「電力自由化《でんりょくじゆうか》」って何《なに》？

日本《にほん》には現在《げんざい》、北海道電力《ほっかいどうでんりょく》、東北電力《とうほくでんりょく》、東京電力《とうきょうでんりょく》ホールディングス、北陸電力《ほくりくでんりょく》、中部電力《ちゅうぶでんりょく》、関西電力《かんさいでんりょく》、中国電力《ちゅうごくでんりょく》、四国電力《しこくでんりょく》、九州電力《きゅうしゅうでんりょく》、沖縄電力《おきなわでんりょく》と、地域《ちいき》ごとに10の電力会社《でんりょくがいしゃ》（一般電気事業者《いっぱんでんきじぎょうしゃ》）がある。昔《むかし》は、それぞれの地域《ちいき》で電気《でんき》をどこから買《か》うかが決《き》められていたけど、今《いま》は電力会社《でんりょくかいしゃ》を自由《じゆう》に選《えら》べるようになった。それが「電力自由化《でんりょくじゆうか》」だ。

電力自由化《でんりょくじゆうか》がスタートしたのは2000年《ねん》。最初《さいしょ》は大《おお》きなビルや工場《こうじょう》やデパートなどを対象《たいしょう》に始《はじ》まり、範囲《はんい》が徐々《じょじょ》に拡大《かくだい》していった。そして、2016年《ねん》４月《がつ》に全面自由化《ぜんめんじゆうか》となり、だれでも自由《じゆう》に電力会社《でんりょくがいしゃ》や料金《りょうきん》プランなどを選《えら》べるようになったんだよ。

発電《はつでん》の歴史《れきし》

1832年《ねん》　●フランスでピクシーが世界初《せかいはつ》の発電機《はつでんき》を発明《はつめい》

1882年《ねん》　●アメリカに世界初《せかいはつ》の火力発電所《かりょくはつでんしょ》が完成《かんせい》

1887年《ねん》　▲東京都《とうきょうと》に日本初《にほんはつ》の火力発電所《かりょくはつでんしょ》が完成《かんせい》

1891年《ねん》　●アメリカに世界初《せかいはつ》の水力発電所《すいりょくはつでんしょ》が完成《かんせい》

▲京都府《きょうとふ》に日本初《にほんはつ》の事業用水力発電所《じぎょうようすいりょくはつでんしょ》が完成《かんせい》

1951年《ねん》　●アメリカで世界初《せかいはつ》の原子力発電《げんしりょくはつでん》に成功《せいこう》

1954年《ねん》　●ロシア（当時《とうじ》はソビエト連邦《れんぽう》）に世界初《せかいはつ》の原子力発電所《げんしりょくはつでんしょ》が完成《かんせい》

1966年《ねん》　▲岩手県《いわてけん》に日本初《にほんはつ》の地熱発電所《ちねつはつでんしょ》が完成《かんせい》

▲茨城県《いばらきけん》に日本初《にほんはつ》の原子力発電所《げんしりょくはつでんしょ》が完成《かんせい》

●は海外《かいがい》のできごと

▲は日本《にほん》のできごと

写真提供／関西電力株式会社

▲日本初《にほんはつ》の事業用水力発電所《じぎょうようすいりょくはつでんしょ》「蹴上水力発電所《けあげすいりょくはつでんしょ》」。

▲世界初《せかいはつ》の原子力発電所《げんしりょくはつでんしょ》「オブニンスク原子力発電所《げんしりょくはつでんしょ》」。

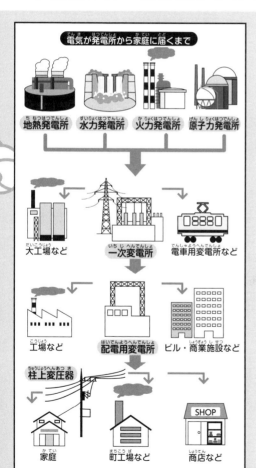

「電気《でんき》はためられない」って本当《ほんとう》？

電気《でんき》はつくられてから とても長《なが》い旅《たび》をする

みんながふだん使《つか》っている電気《でんき》が、発電所《はつでんしょ》でつくられていることはわかったね。では、そこからどのようにみんなのもとに届《とど》けられるのだろう？　実《じつ》は、遠《とお》いところからすごく長《なが》い旅《たび》をして、みんなの家《いえ》や学校《がっこう》に届《とど》けられるんだ。電気《でんき》が発電所《はつでんしょ》でつくられてから、家庭《かてい》に届《とど》けられるまでの道《みち》のりをたどってみよう。

まず発電所《はつでんしょ》でつくられた電気《でんき》は、何十万《なんじゅうまん》ボルトというとても高《たか》い電圧《でんあつ》で送《おく》り出《だ》される。そして、「変《へん》電所《でんしょ》」という電圧《でんあつ》を変《か》えるところをいくつも経由《けいゆ》しながら、使《つか》われる場所《ばしょ》に合《あ》わせてだんだんと電圧《でんあつ》を下《さ》げていくんだ。

家庭《かてい》に送《おく》るための電気《でんき》は、やがて電気《でんき》を配《くば》るための配《はい》電用変電所《でんようへんでんしょ》へ行《い》く。そこから今度《こんど》は、街《まち》でよく見《み》かける電線《でんせん》（配電線《はいでんせん》）を通《とお》って、電柱《でんちゅう》（正《ただ》しくは「電力柱《でんりょくちゅう》」とい

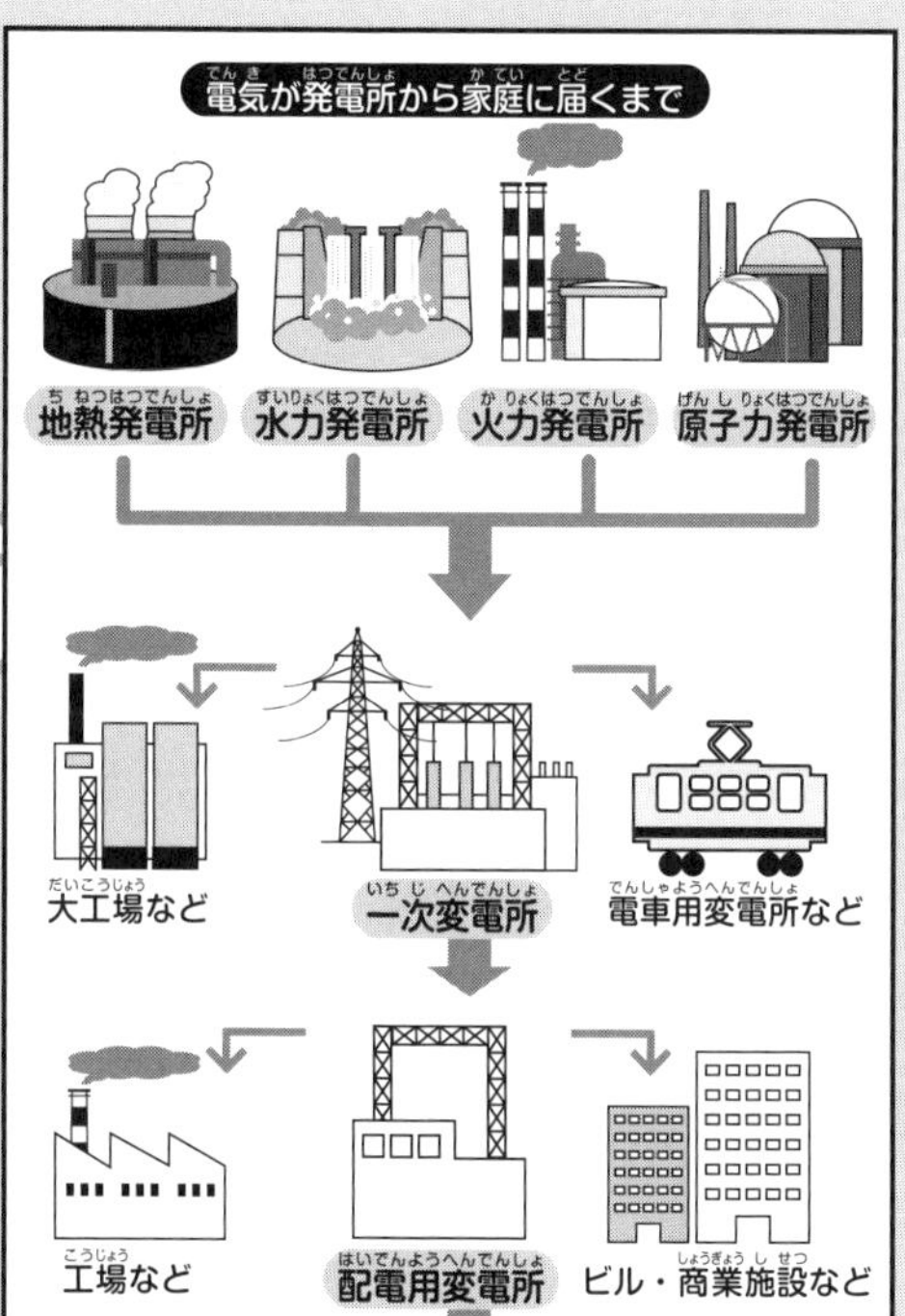
電気《でんき》が発電所《はつでんしょ》から家庭《かてい》に届《とど》くまで
地熱発電所《ちねつはつでんしょ》
水力発電所《すいりょくはつでんしょ》
火力発電所《かりょくはつでんしょ》
原子力発電所《げんしりょくはつでんしょ》
大工場《だいこうじょう》など
一次変電所《いちじへんでんしょ》
電車用変電所《でんしゃようへんでんしょ》など
工場《こうじょう》など
配電用変電所《はいでんようへんでんしょ》
ビル・商業施設《しょうぎょうしせつ》など
柱上変圧器《ちゅうじょうへんあつき》
SHOP
家庭《かてい》
町工場《まちこうば》など
商店《しょうてん》など

う)に送《おく》られるんだ。

電柱《でんちゅう》をよく見《み》てみると、上《うえ》のほうに円柱型《えんちゅうがた》の装置《そうち》がついているはずだ。それは柱上変圧器《ちゅうじょうへんあつき》といって、そこで6600ボルトから、家庭《かてい》で使《つか》われる100ボルトや200ボルトにまで電圧《でんあつ》を下《さ》げる。そうして、ようやくみんなの家《いえ》に届《とど》くんだ。

場所《ばしょ》によって変《か》わるけど、みんなが家《いえ》で使《つか》っている電《でん》気《き》は、何百《なんびゃく》kmも遠《とお》く離《はな》れたところから届《とど》けられているかもしれないんだよ。

電気《でんき》をそのままの状態《じょうたい》で ためておくことはむずかしい

ここまでに説明《せつめい》してきたように、電気《でんき》はとても便利《べんり》で、私《わたし》たちの生活《せいかつ》に欠《か》かせないものだ。だったら、たくさんつくってためておいて、必要《ひつよう》なときにだけ使《つか》えるようにすればいい。そう思《おも》わないかい？　でも、電気《でんき》はそのままの状態《じょうたい》では、ためておくことがむずかしいんだ。

電気《でんき》をためるといえば乾電池《かんでんち》が思《おも》いつくかもしれないけど、乾電池《かんでんち》は電気《でんき》をためているわけではない。乾電池《かんでんち》は「化学電池《かがくでんち》」といって、37ページで説明《せつめい》したボルタ電池《でんち》のしくみを応用《おうよう》し、化学《かがく》エネルギーを電気《でんき》エネルギーに変《か》えているんだ。

スマートフォンなどに使《つか》われている充《じゅう》電池《でんち》も考《かんが》え方《かた》は同《おな》じで、コンセントから取《と》り込《こ》んだ電気《でんき》エネルギーを化学《かがく》エネルギーに変《か》えてため、再《ふたた》び電気《でんき》エネルギーとして放出《ほうしゅつ》している。だから電気《でんき》を「そのまま」ためているわけではないんだ。

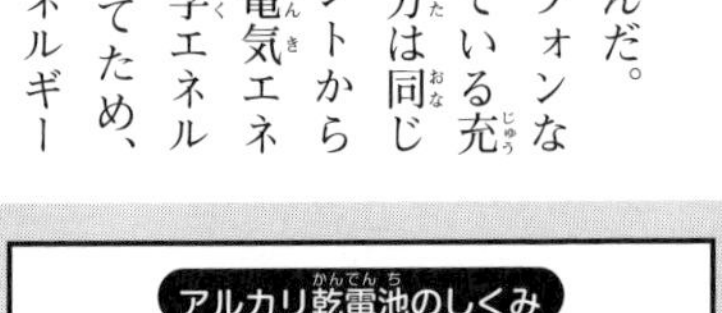
アルカリ乾電池《かんでんち》のしくみ
外装《がいそう》ラベル
プラス極端子《きょくたんし》
マイナス極《きょく》
(亜鉛《あえん》)
プラス極《きょく》
(二酸化《にさんか》マンガン)
セパレータ
集電体《しゅうでんたい》
絶縁《ぜつえん》リング
ガスケット
マイナス極端子《きょくたんし》

電気《でんき》を化学《かがく》エネルギーに変《か》えて ためておくための電池《でんち》も開発《かいはつ》

48ページで、電池《でんち》は直流《ちょくりゅう》、コンセントは交流《こうりゅう》だと説明《せつめい》したよね？　直前《ちょくぜん》の乾電池《かんでんち》の説明《せつめい》は直流《ちょくりゅう》の話《はなし》。今度《こんど》は交《こう》流《りゅう》の話《はなし》だ。

交流《こうりゅう》で1秒間《びょうかん》に電気《でんき》の流《なが》れる方向《ほうこう》が変《か》わる回数《かいすう》を「周《しゅう》波数《はすう》（Hz／ヘルツ）」というのだけど、その周波数《しゅうはすう》は発電《はつでん》する量《りょう》と消費《しょうひ》する量《りょう》を一致《いっち》させないと変《か》わってしまう。

そして周波数《しゅうはすう》が変《か》わると、機械《きかい》の動《うご》きがおかしくなった

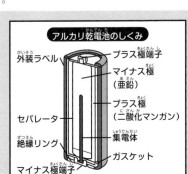

NAS《ナス》電池《でんち》を使《つか》うと……

▲電気料金《でんきりょうきん》が割安《わりやす》な夜間《やかん》に蓄電《ちくでん》。

▲昼間《ひるま》に電源《でんげん》として使用《しよう》。

り、故障《こしょう》したりしてしまうんだ。

だから、電気《でんき》を安全《あんぜん》に使《つか》うためには、そのときそのときで使《つか》われる量《りょう》に合《あ》わせて発電《はつでん》する必要《ひつよう》がある。つまり、家《いえ》の中《なか》や学校《がっこう》の教室《きょうしつ》を明《あか》るくしてくれている電気《でんき》も、たった今《いま》つくられたものがそのまま使《つか》われているんだ。

ただ、電気製品《でんきせいひん》の進化《しんか》などにより、みんなが電気《でんき》を使《つか》う量《りょう》はだんだんと増《ふ》えている。だから、すべての電気《でんき》を発電《はつでん》所《しょ》だけに頼《たよ》っていたら、いつか足《た》りなくなってしまう可能《かのう》性《せい》があるんだ。また、電気《でんき》を化学《かがく》エネルギーに変《か》えてためておければ、災害《さいがい》などの万《まん》が一《いち》のときにも役立《やくだ》つよね。電気《でんき》を電池《でんち》などにためるのは今《いま》の技術《ぎじゅつ》ではとてもむずかしい。でも、より多《おお》く、より効率的《こうりつてき》に、より安《やす》く電気《でんき》をためるための研究《けんきゅう》も着々《ちゃくちゃく》と進《すす》められている。

その代表的《だいひょうてき》なものが、「ナトリウム硫黄《いおう》電池《でんち》（NAS《ナス》電池《でんち》）」。たくさんの電気《でんき》をためておくことが可《か》能《のう》で、電気《でんき》を使《つか》う人《ひと》が少《すく》ない夜《よる》の間《あいだ》に電気《でんき》をためておき、電気《でんき》を使《つか》う人《ひと》が多《おお》い昼《ひる》に電気《でんき》を取《と》り出《だ》して使《つか》うことができるんだ。こうした電池《でんち》を活用《かつよう》して電気《でんき》を上手《じょうず》に使《つか》うことができるようになれば、発電所《はつでんしょ》の電気《でんき》を一度《いちど》にたくさん使《つか》うことをさけて、電気《でんき》を使《つか》う費用《ひよう》を減《へ》らすことができ、環境《かんきょう》にもやさしくなるんだよ。

特別《とくべつ》コラム

関東《かんとう》と関西《かんさい》で周波数《しゅうはすう》が違《ちが》う

電気《でんき》の周波数《しゅうはすう》は、発電《はつでん》する量《りょう》と消費《しょうひ》する量《りょう》を一《いっ》致《ち》させないといけない。でもその周波数《しゅうはすう》は、北海道《ほっかいどう》、東北《とうほく》、関東《かんとう》は50ヘルツ、中部《ちゅうぶ》、近畿《きんき》、中国《ちゅうごく》、四国《しこく》、九州《きゅうしゅう》は60ヘルツと、東日本《ひがしにほん》と西日本《にしにほん》で数値《すうち》が違《ちが》うんだ。なぜかというと、明治時代《めいじじだい》に発電機《はつでんき》を海外《かいがい》から輸入《ゆにゅう》していたころ、関東《かんとう》ではドイツ製《せい》の50ヘルツの発電機《はつでんき》、関西《かんさい》はアメリカ製《せい》の60ヘルツの発電機《はつでんき》を使《つか》っていたため。だから、東京《とうきょう》で使《つか》っている家電製品《かでんせいひん》の中《なか》には、大阪《おおさか》のコンセントでは使《つか》えないものもある。引《ひ》っ越《こ》しをするときには気《き》をつけよう。

地下鉄《ちかてつ》をつくっちゃえ

パパだ、会社《かいしゃ》からでてきた。
お帰《かえ》りなさい。
あれ、どうしたの。
お買《かい》物《もの》があって、デパートにきてたの。
この人《ひと》たちみんな電車《でんしゃ》に乗《の》るの？
ぎゃあ。
ひい。
くるしい。

電気《でんき》クイズQ&A《キューアンドエー》

Q 「鉄道《てつどう》の日《ひ》」はいつ?

①8月《がつ》14日《か》 ②10月《がつ》14日《か》 ③12月《がつ》14日《か》

A

②10月《がつ》14日《か》　1872年《ねん》10月《がつ》14日《か》（旧暦《きゅうれき》9月《がつ》12日《にち》）に日本初《にほんはつ》の鉄道《てつどう》が開業《かいぎょう》したことに由来《ゆらい》する。

電気《でんき》クイズQ&A《キューアンドエー》

Q 「JR《ジェイアール》」のJ《ジェイ》はJapan《ジャパン》、R《アール》は何《なん》の略《りゃく》?

①Rails《レイル》 ②Railways《レイルウェイズ》 ③Raillines《レイルラインズ》

A ②Railways《レイルウェイズ》　JR《ジェイアール》は「Japan《ジャパン》 Railways《レイルウェイズ》」の略《りゃく》。Railway《レイルウェイ》は鉄道《てつどう》のことだよ。

電気《でんき》クイズQ&A《キューアンドエー》

Q JR《ジェイアール》が発足《ほっそく》する前《まえ》に、国《くに》の鉄道《てつどう》を運営《うんえい》していたのは？

①国鉄《こくてつ》 ②私鉄《してつ》 ③電鉄《でんてつ》

A ①国鉄《こくてつ》　正式名称《せいしきめいしょう》は「日本国有鉄道《にほんこくゆうてつどう》」。1987年《ねん》に国鉄《こくてつ》が民営化《みんえいか》され、JR《ジェイアール》が発足《ほっそく》した。

電気《でんき》クイズQ&A《キューアンドエー》

Q JR《ジェイアール》の新幹線《しんかんせん》以外《いがい》の鉄道《てつどう》を一般的《いっぱんてき》に何《なん》という?

①各駅線《かくえきせん》 ②快速線《かいそくせん》 ③在来線《ざいらいせん》

A
③在来線《ざいらいせん》　時速《じそく》２００㎞以上《いじょう》で走《はし》る列車《れっしゃ》のことを新幹線《しんかんせん》といい、それ以外《いがい》は在来線《ざいらいせん》と呼《よ》ばれるよ。

エレベーター・プレート

こまったわ……。
カチャ
カチャ
なにしてるの、ママ。
カチャ
カチャ
カギをかけておつかいにでたら……。
そのカギをおとしちゃったの!?
カギ屋《や》さんをよんできて。
まてよ……。
あれを使《つか》えば……。
「エレベーター・プレート」
高《たか》さを二階《かい》にあわせよう。
スウ

電気《でんき》クイズQ&A《キューアンドエー》

Q 東海道新幹線《とうかいどうしんかんせん》で最《もっと》も速《はや》いのは？

①のぞみ　②ひかり　③こだま

A ①のぞみ　のぞみ＞ひかり＞こだまの順《じゅん》に速《はや》い。こだまが最《もっと》も多《おお》くの駅《えき》に停車《ていしゃ》する。

電気《でんき》クイズQ&A《キューアンドエー》

Q 電気《でんき》自動車《じどうしゃ》をアルファベットで表《あらわ》すと?

①EV《イーブイ》 ②HV《エイチブイ》 ③FCV《エフシーブイ》

A ①EV《イーブイ》「Electric《エレクトリック》 Vehicle《ビークル》」の頭文字《かしらもじ》をとったもの。HV《エイチブイ》はハイブリッド車《しゃ》、FCV《エフシーブイ》は燃料《ねんりょう》電池《でんち》車《しゃ》だ。

電気《でんき》クイズQ&A《キューアンドエー》

Q 世界《せかい》で初《はじ》めて電気《でんき》自動車《じどうしゃ》が開発《かいはつ》されたのは、日本《にほん》でいうと何時代《なにじだい》？

①大正時代《たいしょうじだい》

②明治時代《めいじじだい》

③江戸時代《えどじだい》

A ③江戸時代《えどじだい》　世界初《せかいはつ》の電気自動車《でんきじどうしゃ》は、１８３０年代《ねんだい》にイギリスで開発《かいはつ》されたといわれている。

蒸気機関車《じょうききかんしゃ》から電車《でんしゃ》へ、鉄道《てつどう》の進化《しんか》

みんなが乗《の》る電車《でんしゃ》も電気《でんき》の力《ちから》で動《うご》いている

あらゆるところで、多《おお》くの人《ひと》を乗《の》せて走《はし》っている電車《でんしゃ》。いったい何《なん》の力《ちから》で動《うご》いているのか、考《かんが》えたことがあるかな？　電車《でんしゃ》というのは、その名《な》のとおり、電気《でんき》で動《うご》いているんだ。

写真提供／郵政博物館

▲内国勧業博覧会《ないこくかんぎょうはくらんかい》で公開運転《こうかいうんてん》された日本初《にほんはつ》の電車《でんしゃ》。

私《わたし》たちは線路《せんろ》を走《はし》っているものを「電車《でんしゃ》」と思《おも》いがちだけど、そうじゃない。まず、線路《せんろ》の上《うえ》を走《はし》る交通機関《こうつうきかん》のことを「鉄道《てつどう》」といい、その中《なか》で電気《でんき》の力《ちから》によって動《うご》き、かつ動力車《どうりょくしゃ》にもお客《きゃく》さんを乗《の》せることができる車両《しゃりょう》を「電車《でんしゃ》」という。これに対《たい》して、蒸気《じょうき》の力《ちから》で動《うご》き、お客《きゃく》さんが乗《の》る客車《きゃくしゃ》を引《ひ》っ張《ぱ》る車両《しゃりょう》は「蒸気機関車《じょうききかんしゃ》」や「汽車《きしゃ》」というんだ。

現在《げんざい》、日本《にほん》の鉄道車両《てつどうしゃりょう》の多《おお》くは電気《でんき》の力《ちから》で走《はし》っている。今《いま》や、鉄道車両《てつどうしゃりょう》が電気《でんき》によって動《うご》くのは普通《ふつう》になっているけど、そうなったのは約《やく》１２０年前《ねんまえ》のことなんだ。

日本《にほん》で最初《さいしょ》に電車《でんしゃ》が走《はし》ったのは１８９０年《ねん》。東京《とうきょう》の上《うえ》野《の》公園《こうえん》で、アメリカから持《も》ち込《こ》まれた路面電車《ろめんでんしゃ》が公開運《こうかいうん》転《てん》された。そして、それから5年後《ねんご》の１８９５年《ねん》に、京都《きょうと》電気鉄道《でんきてつどう》の路面電車《ろめんでんしゃ》が、京都《きょうと》で初《はじ》めて営業運転《えいぎょううんてん》を開始《かいし》したんだよ。

電車《でんしゃ》は電車線《でんしゃせん》やレールから電気《でんき》を取《と》り込《こ》んで動《うご》いている

では、電車《でんしゃ》はどのようなしくみで動《うご》いているのだろう？　まず、地上《ちじょう》を走《はし》っている電車《でんしゃ》の上《うえ》のほうをよく見《み》てみると、電車《でんしゃ》が走《はし》るレールの上《うえ》に電線《でんせん》があるはずだ。これを電車線《でんしゃせん》といって、そこに電気《でんき》が通《とお》っている。多《おお》くの電車《でんしゃ》の屋根《やね》にはパンタグラフなどの装置《そうち》がついていて、

これがその電《でん》車線《しゃせん》とつながることで電気《でんき》を取《と》り込《こ》み、車両《しゃりょう》を動《うご》かす力《ちから》を得《え》ているんだ。

地下鉄《ちかてつ》はどうだろう？地下鉄《ちかてつ》の多《おお》くはトンネルの中《なか》の狭《せま》いところを走《はし》っているから、電車《でんしゃ》線《せん》やパンタグラフを取《と》りつけるスペースが少《すく》ない。でも、電車《でんしゃ》の上《うえ》が無理《むり》なら下《した》を使《つか》えばいい。そこで、地下鉄《ちかてつ》の中《なか》には、走《はし》るためにあるレールの隣《となり》に、電気《でんき》を送《おく》るためのレール（第三軌条《だいさんきじょう》）をしいて、そこから電気《でんき》を取《と》り入《い》れているものもあるんだよ。

このように、同《おな》じ電車《でんしゃ》でも、電気《でんき》を取《と》り入《い》れるためのさまざまな方法《ほうほう》があるんだ。

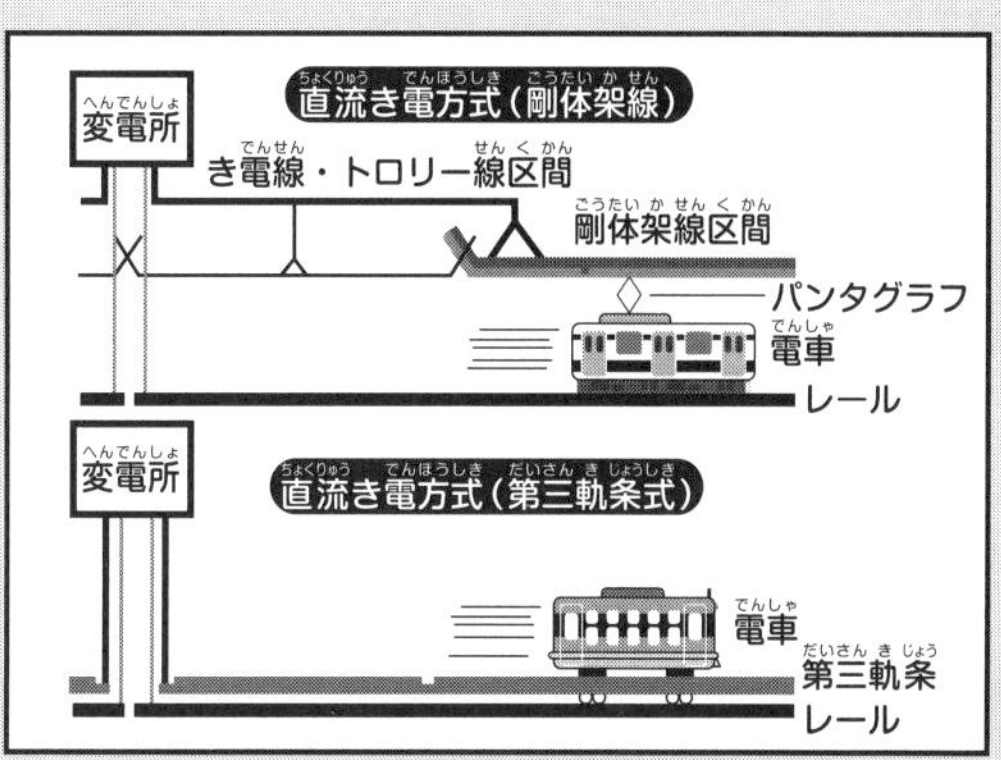
変電所《へんでんしょ》
直流《ちょくりゅう》き電方式《でんほうしき》（剛体架線《ごうたいかせん》）
き電線《でんせん》・トロリー線区間《せんくかん》
剛体架線区間《ごうたいかせんくかん》
パンタグラフ
電車《でんしゃ》
レール
変電所《へんでんしょ》
直流《ちょくりゅう》き電方式《でんほうしき》（第三軌条式《だいさんきじょうしき》）
電車《でんしゃ》
第三軌条《だいさんきじょう》
レール

日本《にほん》で最初《さいしょ》の鉄道《てつどう》は石炭《せきたん》が燃料《ねんりょう》の蒸気機関車《じょうききかんしゃ》

電気《でんき》で動《うご》くようになる前《まえ》にも鉄道《てつどう》はあった。では、そのころはどうやって動《うご》いていたんだろう？

日本《にほん》で最初《さいしょ》の鉄道《てつどう》は、蒸気機関車《じょうききかんしゃ》が引《ひ》っ張《ぱ》る客車《きゃくしゃ》にお客《きゃく》さんが乗《の》る方式《ほうしき》だった。世界《せかい》で初《はじ》めて蒸気機関車《じょうききかんしゃ》を開《かい》通《つう》させたイギリスから1号機関車《ごうきかんしゃ》を購入《こうにゅう》し、1872年《ねん》9月《がつ》に、新橋《しんばし》―横浜間《よこはまかん》に日本《にほん》初《はつ》の鉄道《てつどう》が開業《かいぎょう》したんだ。

電気《でんき》で動《うご》く電車《でんしゃ》に対《たい》して、蒸気機関車《じょうききかんしゃ》は蒸気《じょうき》で動《うご》く。燃料《ねんりょう》となるのは石炭《せきたん》だ。石炭《せきたん》を燃《も》やしてお湯《ゆ》をわかして蒸気《じょうき》をつくり、その力《ちから》で車輪《しゃりん》を回転《かいてん》させるんだ。先頭車両《せんとうしゃりょう》の

写真提供／神奈川県立図書館

▲鉄道開業時《てつどうかいぎょうじ》にはこのような浮世絵《うきよえ》もえがかれた。

煙突《えんとつ》から黒《くろ》いけむりをあげて走《はし》る蒸気機関車《じょうききかんしゃ》の姿《すがた》を見《み》たことがある人《ひと》もいるかもしれないね。

ただ、石炭《せきたん》を燃《も》やすための火室《かしつ》に石炭《せきたん》を入《い》れるのは人《ひと》の力《ちから》でやらなくてはいけないし、たくさんの石炭《せきたん》が必要《ひつよう》でお金《かね》もかかる。また、運転操作《うんてんそうさ》もむずかしく、石炭《せきたん》のエネルギーの10%以下《いか》しか動《うご》くためのエネルギーとして使《つか》えず、むだも多《おお》い。そういった理由《りゆう》もあって、徐々《じょじょ》に蒸気《じょうき》機関車《きかんしゃ》は数《かず》を減《へ》らし、電車《でんしゃ》に変《か》わっていったんだ。

ちなみに、蒸気機関車《じょうききかんしゃ》は英語《えいご》で「Steam Locomotive《スチーム ロコモティブ》」というんだけど、日本《にほん》ではその頭文字《かしらもじ》をとってSL《エスエル》とも呼《よ》ばれる。今《いま》でも、北海道《ほっかいどう》や熊本県《くまもとけん》など、一部《いちぶ》の地域《ちいき》で走《はし》っているよ。

写真提供／公益財団法人メトロ文化財団 地下鉄博物館

▲開業時《かいぎょうじ》の上野駅《うえのえき》。

やがて、それまで蒸気機関《じょうききかん》で走《はし》っていた鉄道《てつどう》もだんだんと電気《でんき》で動《うご》くようになり、今《いま》のようにあらゆるところで便利《べんり》な電車《でんしゃ》が走《はし》るようになっていった。東京《とうきょう》の中心《ちゅうしん》を回《まわ》っている山《やまの》手線《てせん》も1909年《ねん》に電化《でんか》が始《はじ》まったんだ。

1927年《ねん》には、日本初《にほんはつ》の地下鉄《ちかてつ》（今《いま》の東京《とうきょう》メトロ銀《ぎん》座線《ざせん》）が上野《うえの》—浅草間《あさくさかん》に開通《かいつう》。大都市《だいとし》を中心《ちゅうしん》に、多《おお》くの人《ひと》が利用《りよう》する交通機関《こうつうきかん》として地下鉄《ちかてつ》や路面電車《ろめんでんしゃ》も発達《はったつ》していったんだよ。

特別《とくべつ》コラム

電車《でんしゃ》？　バス？
電気《でんき》で走《はし》るトロリーバス

電車《でんしゃ》の種類《しゅるい》のひとつに、トロリーバスというものがある。電車《でんしゃ》なのか、バスなのか、ややこしいね。でもその名《な》の通《とお》り、見《み》た目《め》はバスなんだけど、電車《でんしゃ》と同《おな》じように道《どう》路《ろ》の上《うえ》に張《は》られた電線《でんせん》から電気《でんき》を取《と》り入《い》れて走《はし》るんだ。昔《むかし》は東京《とうきょう》や大阪《おおさか》の街《まち》の中《なか》でも走《はし》っていたけど、今《いま》、日本《にほん》で走《はし》っているのは、黒部《くろべ》ダムがある立山黒部《たてやまくろべ》アルペンルートの立山《たてやま》トンネルトロリーバスと関電《かんでん》トンネルトロリーバスだけ。そのうち関電《かんでん》トンネルトロリーバスは2019年《ねん》４月《がつ》にモータで動《うご》く電気《でんき》バスに変《か》わる予定《よてい》なんだ。

写真提供／関西電力株式会社

新幹線《しんかんせん》から超電導《ちょうでんどう》リニアへ

時速《じそく》500㎞以上《いじょう》！ 世界一《せかいいち》速《はや》い夢《ゆめ》の鉄道《てつどう》

新幹線《しんかんせん》に乗《の》ったことはあるかな？ とても速《はや》い乗《の》り物《もの》だということは知《し》っているよね？ これも電車《でんしゃ》の仲間《なかま》で、その最高速度《さいこうそくど》は時速《じそく》300㎞を超《こ》える。江戸時代《えどじだい》の人《ひと》が2週間以上《しゅうかんいじょう》もかけて歩《ある》いていた東京《とうきょう》—大阪間《おおさかかん》を、3時間《じかん》足《た》らずで移動《いどう》することができるんだ。

新幹線《しんかんせん》が開通《かいつう》したのは、東京《とうきょう》オリンピックが開催《かいさい》された1964年《ねん》。当時《とうじ》は世界《せかい》で最《もっと》も速《はや》い鉄道《てつどう》だった。その後《あと》に世界《せかい》でも高速鉄道《こうそくてつどう》が普及《ふきゅう》し、新幹線《しんかんせん》が世界一《せかいいち》ではなくなったけど、2020年《ねん》の東京《とうきょう》オリンピック・パラリンピックの7年後《ねんご》に再《ふたた》び、世界《せかい》でいちばん速《はや》い鉄道《てつどう》を日本《にほん》に誕生《たんじょう》させるという計画《けいかく》がある。

そんな夢《ゆめ》の乗《の》り物《もの》が、超電導《ちょうでんどう》リニア。その時速《じそく》は、何《なん》と500㎞！ 超電導《ちょうでんどう》リニアによる中央新幹線《ちゅうおうしんかんせん》は品川《しながわ》—名《な》古屋間《ごやかん》で2027年《ねん》に開業《かいぎょう》する計画《けいかく》で、これが実現《じつげん》すると、今《いま》は新幹線《しんかんせん》のぞみで約《やく》1時間《じかん》40分《ぷん》かかる東京《とうきょう》—名古《なご》屋間《やかん》を最短《さいたん》40分《ぷん》で移動《いどう》することができる。2045年《ねん》には大阪《おおさか》まで開通《かいつう》する予定《よてい》で、品川《しながわ》から最短《さいたん》67分《ふん》で移動《いどう》することができるといわれているんだよ。

超電導《ちょうでんどう》リニアの中央新幹線《ちゅうおうしんかんせん》は磁石《じしゃく》の力《ちから》で、浮《う》いて走《はし》る！

中央新幹線《ちゅうおうしんかんせん》は、54ページでも説明《せつめい》したリニアモータのしくみを利用《りよう》し、超電導磁石《ちょうでんどうじしゃく》を使《つか》ったリニアモータで走《はし》る。超電導《ちょうでんどう》とは、金属《きんぞく》などをすごく低《ひく》い温度《おんど》にまで冷《ひ》やすと、抵抗《ていこう》がなくなって、電気《でんき》がとても流《なが》れやすくなる状態《じょうたい》のこと。その超電導状態《ちょうでんどうじょうたい》になったコイルに電気《でんき》を流《なが》すと、電気《でんき》がたくさん流《なが》れるようになり、ものすごく強《きょう》力《りょく》な「超電導磁石《ちょうでんどうじしゃく》」というものになるんだ。

この強力《きょうりょく》な磁石《じしゃく》を使《つか》って、列車《れっしゃ》が進《すす》む方向《ほうこう》に沿《そ》って力《ちから》

写真提供／山梨県立リニア見学センター

▲超電導《ちょうでんどう》リニア。

を出《だ》すモータが、ここでいうリニアモータ。そして、その力《ちから》で進《すす》む列車《れっしゃ》が「リニアモーターカー」だ。

リニアモーターカーは、すでにドイツや中国《ちゅうごく》、さらに日本《にほん》でも愛知県《あいちけん》などで運行《うんこう》しているけれど、そんなリニアモーターカーの中《なか》でも日本独自《にほんどくじ》の先《せん》端技術《たんぎじゅつ》で研究《けんきゅう》が進《すす》められ、時速《じそく》500kmでの走行《そうこう》を可能《かのう》にしたものが、ここで紹介《しょうかい》する超電導《ちょうでんどう》リニアだよ。

新幹線《しんかんせん》を含《ふく》め、普通《ふつう》の電車《でんしゃ》は車輪《しゃりん》でモータを回《まわ》し、車《しゃ》輪《りん》がレールの上《うえ》を転《ころ》がって走《はし》る。しかし、超電導《ちょうでんどう》リニアは、何《なん》と浮《う》いて進《すす》む！　それはどんな原理《げんり》なのか、これから説明《せつめい》するね。

超電導《ちょうでんどう》リニアは、レールの上《うえ》ではなく「ガイドウェイ」という専用《せんよう》の道《みち》を通《とお》る。そして、このガイドウェイの壁《かべ》の両側《りょうがわ》には、「浮上《ふじょう》・案内《あんない》コイル」と「推進《すいしん》コイル」という2種類《しゅるい》のコイル（ぐるぐる巻《ま》きにした電線《でんせん》）が取《と》りつけられているんだ。

まずは、浮《う》くしくみ。車両《しゃりょう》が進《すす》んでくると浮《ふ》上《じょう》・案内《あんない》コイルに電気《でんき》が流《なが》れて電《でん》磁石《じしゃく》となる。そうすると、車両《しゃりょう》の超電導磁石《ちょうでんどうじしゃく》とガイドウェイの電磁《でんじ》石《しゃく》との間《あいだ》で、車両《しゃりょう》を押《お》し上《あ》げる力《ちから》（磁石《じしゃく》が反発《はんぱつ》し合《あ》う力《ちから》）と引《ひ》き上《あ》げる力《ちから》（磁石《じしゃく》が引《ひ》

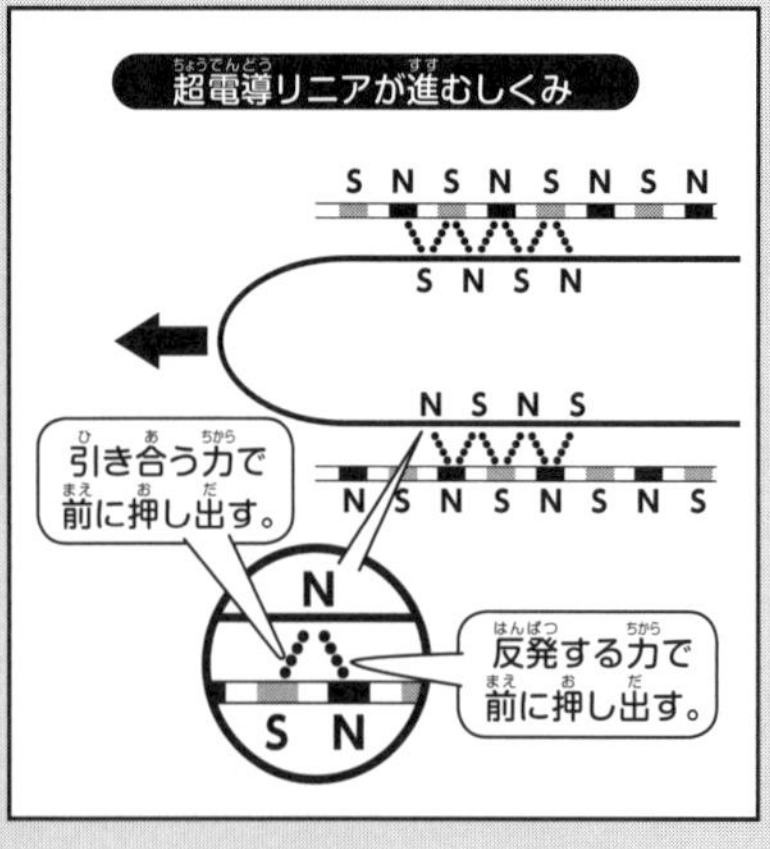

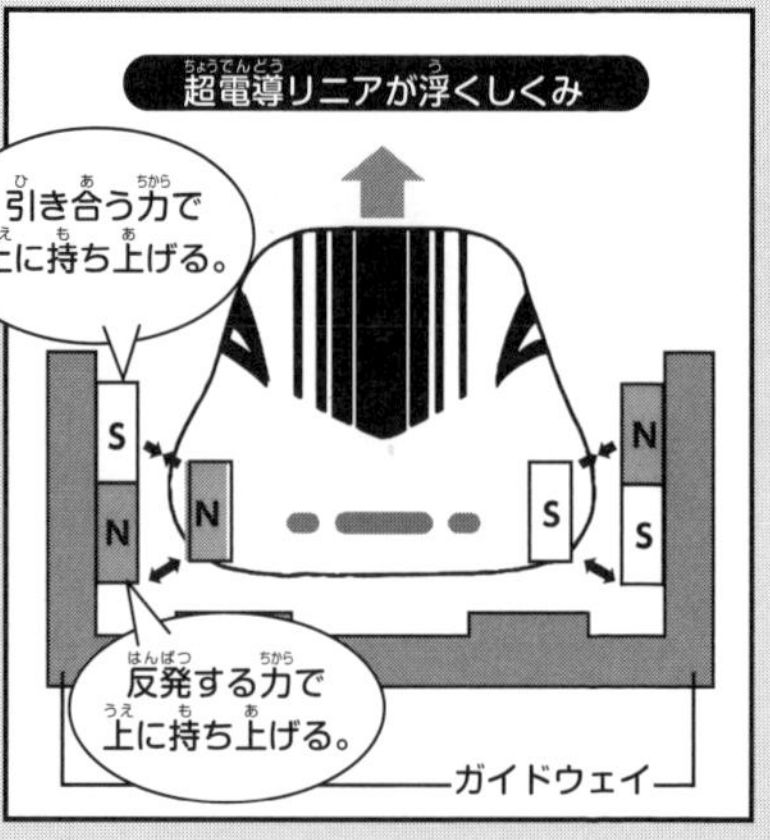

っ張《ば》り合《あ》う力《ちから》）が発生《はっせい》し、何百《なんびゃく》トンもある列車《れっしゃ》が浮《う》き上《あ》がるんだよ。

次《つぎ》に、進《すす》むしくみだ。車両《しゃりょう》の超電導磁石《ちょうでんどうじしゃく》は、N極《エヌきょく》とS極《エスきょく》が交互《こうご》に並《なら》べてある。そして、ガイドウェイの推進《すいしん》コイルに電流《でんりゅう》を流《なが》してN極《エヌきょく》とS極《エスきょく》を発生《はっせい》させると、モータのしくみと同《おな》じように、車両《しゃりょう》とコイルの間《あいだ》で反発《はんぱつ》し合《あ》う力《ちから》と引《ひ》っ張《ば》り合《あ》う力《ちから》が発生《はっせい》し、車両《しゃりょう》が前《まえ》に進《すす》むんだよ。

50年《ねん》以上《いじょう》をかけて速《はや》さと安全性《あんぜんせい》を追求《ついきゅう》

車体《しゃたい》を浮《う》かせて走《はし》る超電導《ちょうでんどう》リニアの研究《けんきゅう》は、日本《にほん》で50年《ねん》以上《いじょう》も前《まえ》から行《おこな》われている。1962年《ねん》に始《はじ》まり、その10年後《ねんご》の1972年《ねん》に、人《ひと》を乗《の》せて浮《う》いて走《はし》る実験《じっけん》に成功《せいこう》したんだ。でもそのときの速度《そくど》は時速《じそく》60km。今《いま》の地下鉄《ちかてつ》くらいの速《はや》さでしかなかったんだ。

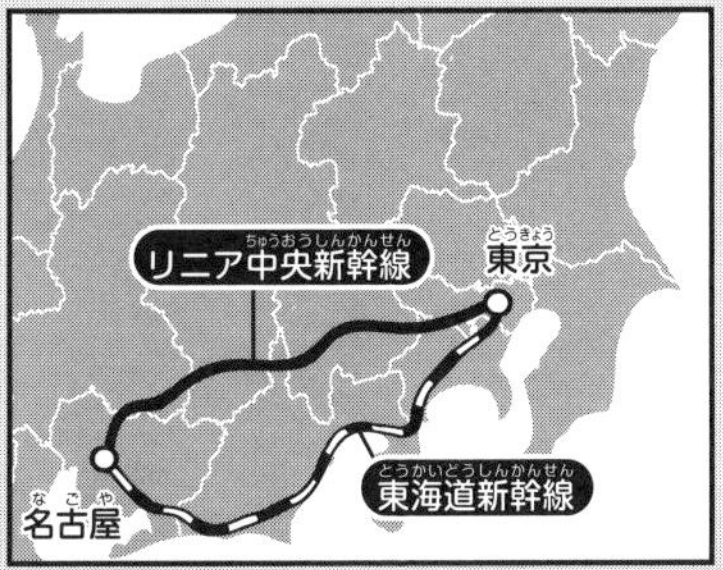

▲東海道新幹線《とうかいどうしんかんせん》とリニア中央新幹線《ちゅうおうしんかんせん》のルート。

それから長《なが》い年月《ねんげつ》をかけて研究《けんきゅう》に研究《けんきゅう》を重《かさ》ね、より速《はや》く、より安全《あんぜん》に走《はし》れるよう改良《かいりょう》されていった。そうして2015年《ねん》には、L0系《エルゼロけい》という最新《さいしん》の車両《しゃりょう》が、鉄道《てつどう》の最《さい》高速度《こうそくど》となる時速《じそく》603kmを記録《きろく》したんだ。

そして、リニア中央新幹線《ちゅうおうしんかんせん》が通《とお》るのは、品川《しながわ》―名古屋《なごや》間《かん》を直線的《ちょくせんてき》に結《むす》ぶルートになることが決定《けってい》している。全《ぜん》長約《ちょうやく》286kmの約《やく》86%がトンネルになる予定《よてい》なんだ。

特別《とくべつ》コラム

開通前《かいつうまえ》のリニア中央新幹線《ちゅうおうしんかんせん》に乗《の》れる!?

山梨《やまなし》リニア実験線《じっけんせん》での超電導《ちょうでんどう》リニアの走行実験《そうこうじっけん》は、1997年《ねん》から行《おこな》われている。山梨県都留市《やまなしけんつるし》には、リニア見学《けんがく》センターという施設《しせつ》があって、ここでは超電導《ちょうでんどう》リニアを見学《けんがく》したり、さまざまな展示《てんじ》でリニアを学《まな》んだりすることができるんだ。また、JR東海《ジェイアールとうかい》では、体験乗車《たいけんじょうしゃ》も行《おこな》っている。人数《にんずう》が限《かぎ》られていて、倍率《ばいりつ》の高《たか》い抽選《ちゅうせん》に応募《おうぼ》しなくてはいけないけど、当《あ》たればいち早《はや》く夢《ゆめ》の乗《の》り物《もの》に乗車《じょうしゃ》し、時速《じそく》500kmを体感《たいかん》することができる。詳《くわ》しくは、超電導《ちょうでんどう》リニアのホームページで調《しら》べてね（http://linear.jr-central.co.jp/）。なお、走行試験《そうこうしけん》は不定期《ふていき》で行《おこな》われているので、見学《けんがく》に行《い》くときには必《かなら》ず事前《じぜん》にチェックしてね。

電気《でんき》のおかげで移動方法《いどうほうほう》が豊富《ほうふ》に！

未来《みらい》の自動車《じどうしゃ》として期待《きたい》される電気自動車《でんきじどうしゃ》

電気《でんき》の普及《ふきゅう》が進歩《しんぽ》させた乗《の》り物《もの》は、鉄道《てつどう》だけではない。道路《どうろ》を走《はし》る自動車《じどうしゃ》もそうだ。今《いま》はガソリンや軽油《けいゆ》などの化石燃料《かせきねんりょう》だけで走《はし》るエンジン車《しゃ》が一般的《いっぱんてき》だけど、電気《でんき》を使《つか》って走《はし》る自動車《じどうしゃ》が、社会《しゃかい》で使《つか》われ始《はじ》めているよ。

電気《でんき》で走《はし》る電気自動車《でんきじどうしゃ》（ＥＶ《イーブイ》）や、エンジンと電気《でんき》の両方《りょうほう》をうまく組《く》み合《あ》わせて走《はし》るハイブリッド車《しゃ》（ＨＶ《エイチブイ》）、水素《すいそ》で走《はし》る燃料電池車《ねんりょうでんちしゃ》（ＦＣＶ《エフシーブイ》）などがあり、すでにエンジンだけで走《はし》る車《くるま》からの移行《いこう》が始《はじ》まっている。これらはエンジンだけで走《はし》る車《くるま》より、二酸化炭素《にさんかたんそ》や有害物質《ゆうがいぶっしつ》の排出量《はいしゅつりょう》が少《すく》なく、環境《かんきょう》にやさしいといわれている。エコカーとも呼《よ》ばれ、次世代《じせだい》の自動《じどう》車《しゃ》として期待《きたい》されているんだ。

いろいろな自動車《じどうしゃ》の比較《ひかく》

	燃料《ねんりょう》（動力源《どうりょくげん》）	有害物質《ゆうがいぶっしつ》	燃費《ねんぴ》
エンジン車《しゃ》	ガソリン	出《で》る	普通《ふつう》
電気自動車《でんきじどうしゃ》	電気《でんき》	少《すく》ない	良《よ》い
燃料電池車《ねんりょうでんちしゃ》	水素《すいそ》	少《すく》ない	悪《わる》い

電気自動車《でんきじどうしゃ》はエンジン車《しゃ》よりも歴史《れきし》がある

電気自動車《でんきじどうしゃ》が日本《にほん》で注目《ちゅうもく》されるようになったのは最近《さいきん》だけど、その歴史《れきし》は意《い》外《がい》に古《ふる》い。電気自動車《でんきじどうしゃ》の歴史《れきし》は１８３５年《ねん》にアメリカのダベンポートという人《ひと》が電気機関《でんききかん》車《しゃ》をつくったことに始《はじ》まったといわれていて、１８８６年《ねん》にドイツのベンツがガソリンエンジンの三輪車《さんりんしゃ》を完成《かんせい》さ

写真提供／日産自動車

▲電気《でんき》だけで走《はし》る電気自動車《でんきじどうしゃ》は、環境《かんきょう》にやさしい乗《の》り物《もの》（日産《にっさん》リーフ）。

せるよりも前《まえ》に、電気自動車《でんきじどうしゃ》はすでに実用化《じつようか》されていたんだ。1900年《ねん》にアメリカで売《う》れた自動車《じどうしゃ》の約《やく》40%は、電気自動車《でんきじどうしゃ》だったといわれているよ。

ただ、当時《とうじ》の電気自動車《でんきじどうしゃ》はバッテリーの容量《ようりょう》が小《ちい》さかったため、長《なが》い距離《きょり》を走《はし》ることができず、何度《なんど》も充電《じゅうでん》する必要《ひつよう》があった。そうした理由《りゆう》もあって、より便利《べんり》なガソリンエンジン車《しゃ》が主流《しゅりゅう》になっていったんだ。

しかし、20世紀《せいき》に近《ちか》づいたころに状況《じょうきょう》が変化《へんか》。昔《むかし》よりバッテリーの容量《ようりょう》が大《おお》きくなったことで、長《なが》い距離《きょり》を走《はし》れる電気自動車《でんきじどうしゃ》が開発《かいはつ》されるようになった。そうして、環境《かんきょう》にやさしい電気自動車《でんきじどうしゃ》が再《ふたた》び注目《ちゅうもく》されるようになったんだ。バッテリーがさらに高性能《こうせいのう》になり、充電《じゅうでん》する設《せつ》備《び》が整《ととの》えば、電気自動車《でんきじどうしゃ》の普及《ふきゅう》はもっと進《すす》むと期待《きたい》されているよ。

自動車《じどうしゃ》だけではない 自転車《じてんしゃ》も電気《でんき》で動《うご》く時代《じだい》に

自動車《じどうしゃ》を運転《うんてん》できるようになるには、まだ時間《じかん》がかかるかもしれないけど、自転車《じてんしゃ》には大人《おとな》にならなくても乗《の》ることができるよね。自転車《じてんしゃ》といえば足《あし》でペダルをこいで走《はし》るのが一般的《いっぱんてき》だけど、最近《さいきん》では、走《はし》るのを補助《ほじょ》してくれる電動《でんどう》アシスト自《じ》転車《てんしゃ》も普及《ふきゅう》している。

電動《でんどう》アシスト自転車《じてんしゃ》には、モータとバッテリーがつけられていて、ペダルをこぎ始《はじ》めるとモータが動《うご》いて、走《はし》るのをアシストしてくれるんだ。だから、普通《ふつう》の自転車《じてんしゃ》よりこぐ力《ちから》が軽《かる》くても速《はや》く走《はし》ることができ、坂道《さかみち》を上《のぼ》るときや、お母《かあ》さんが重《おも》い買《か》い物袋《ものぶくろ》や子《こ》どもを乗《の》せていても、すいすいと走《はし》ることだってできるんだよ。

さらにはペダルをこがなくても勝手《かって》に走《はし》ってくれる電《でん》動自転車《どうじてんしゃ》も登場《とうじょう》している。ただ、これはバイク（原動機付《げんどうきつき》自転車《じてんしゃ》）にあたるため、運転《うんてん》するには免許《めんきょ》が必要《ひつよう》なんだよ。

Joel_420 / Shutterstock.com

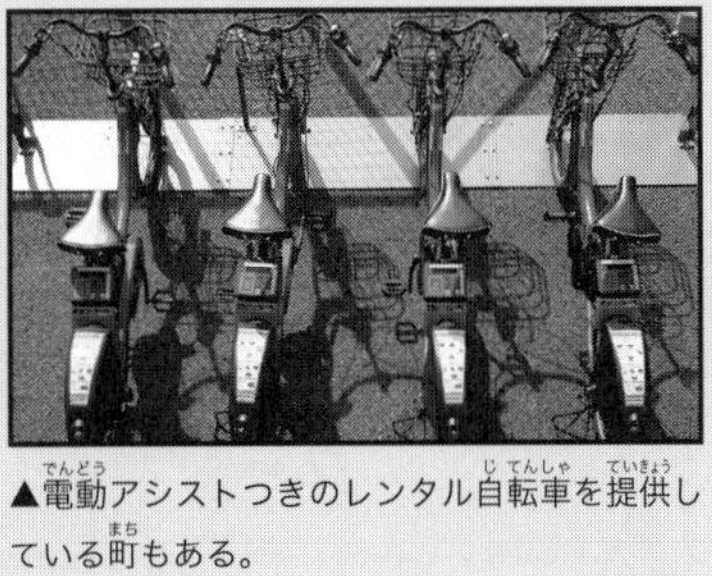

▲電動《でんどう》アシストつきのレンタル自転車《じてんしゃ》を提供《ていきょう》している町《まち》もある。

便利《べんり》なだけでなく 人助《ひとだす》けにも役立《やくだ》っている

電気《でんき》の力《ちから》で動《うご》く乗《の》り物《もの》のおかげで、私《わたし》たちのくらしはとても便利《べんり》になっていて、その技術《ぎじゅつ》や性能《せいのう》は日《ひ》に日《ひ》に進《しん》

歩《ぽ》していることがわかったかな？　電気《でんき》で動《うご》く乗《の》り物《もの》は、ほかにもたくさんあるよ。

身近《みぢか》なものだと、建物《たてもの》の中《なか》で昇《のぼ》り降《お》りするエレベーターやエスカレーター、さらには大《おお》きな駅《えき》や施設《しせつ》などにある動《うご》く歩道《ほどう》などもそうだ。電気《でんき》がなかったころには、お年寄《としよ》りや体《からだ》が不自由《ふじゆう》な人《ひと》も、階段《かいだん》で昇《のぼ》り降《お》りをしなければいけなかった。でも、電気《でんき》で動《うご》くいろいろな移動手段《いどうしゅだん》ができたことにより、みんなのくらしを便利《べんり》にしてくれているだけでなく、そういった困《こま》っている人《ひと》たちを助《たす》ける役割《やくわり》も果《は》たしているんだ。

エレベーターの性能《せいのう》も急速《きゅうそく》に進化《しんか》していて、どんどん速《はや》くなっているんだ。東京《とうきょう》スカイツリーにあるエレベーターの速《はや》さは分速《ふんそく》６００ｍ。地上《ちじょう》３５０ｍの展望《てんぼう》台《だい》（天望《てんぼう》デッキ）まで約《やく》50秒《びょう》で上《あ》がることができるんだ。

さらに、２０１７年現在《ねんげんざい》、世界《せかい》でいちばん速《はや》いエレベーターがあるのは、中国《ちゅうごく》の広州国際金融《こうしゅうこくさいきんゆう》センター。分速《ふんそく》１２６０ｍで、ギネス世界記録《せかいきろく》に認定《にんてい》されているんだ。ちなみに、このエレベーターをつくったのは、日本《にほん》のメーカーなんだよ。

また最近《さいきん》では、家庭《かてい》に設置《せっち》できる小型《こがた》のエレベーターやエスカレーターも普及《ふきゅう》し始《はじ》めていて、電気《でんき》によるバリアフリー化《か》も進《すす》んでいるんだよ。

特別《とくべつ》コラム

遊園地《ゆうえんち》でも電磁石《でんじしゃく》が活躍《かつやく》

遊園地《ゆうえんち》などに設置《せっち》されているジェットコースター（ローラーコースター）や絶叫《ぜっきょう》マシンも、最近《さいきん》はリニアモータを利用《りよう》したものが増《ふ》えてきている。

実《じつ》はジェットコースター自体《じたい》には、エンジンもブレーキもついていない。リニアモータや空気《くうき》などの力《ちから》で高《たか》いところまで上《のぼ》り、そこからは重力《じゅうりょく》によって下《お》りてくるんだ。そして、止《と》めるときにはゴムなどの摩《ま》さつを利用《りよう》するんだけど、最近《さいきん》ではより安全《あんぜん》に止《と》めるために、そこにも磁石《じしゃく》が使《つか》われ始《はじ》めているんだよ。

写真提供／富士急ハイランド

▲富士急《ふじきゅう》ハイランドの高飛車《たかびしゃ》（磁石《じしゃく》ブレーキを使用《しよう》）。

いやになったら
ヒューズをとばせ

電気《でんき》クイズQ&A《キューアンドエー》

Q 電気製品《でんきせいひん》のコードをつなぐ、壁《かべ》の差《さ》し込《こ》み口《ぐち》を何《なん》という?

①コンセント ②プラグ ③アダプタ

A ①コンセント　コンセントに差《さ》し込《こ》むための、コードの先《さき》についている出《で》っぱった器具《きぐ》がプラグだよ。

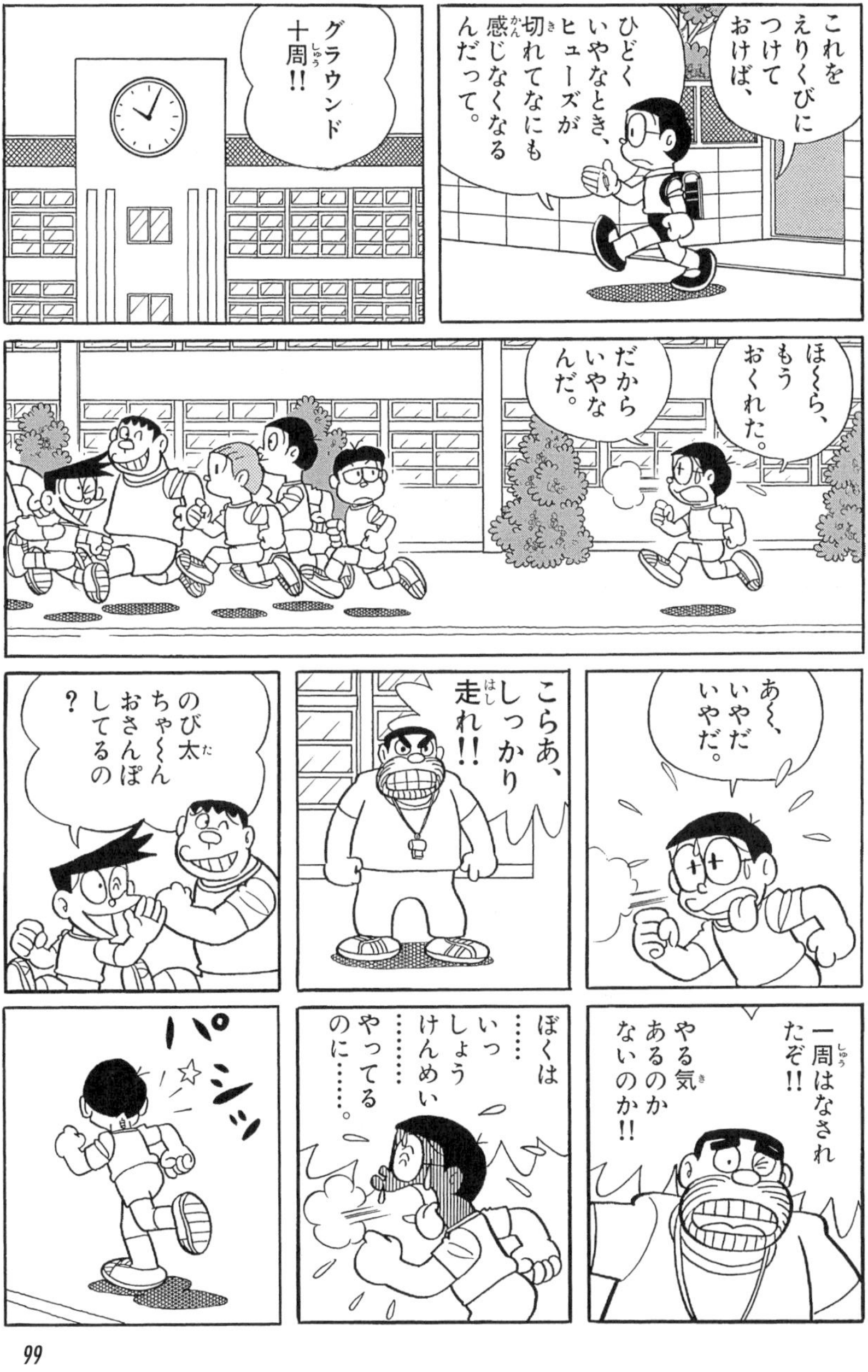

電気《でんき》クイズQ&A《キューアンドエー》

Q 洗濯機《せんたくき》、冷蔵庫《れいぞうこ》、電子《でんし》レンジなどによくついている、電気《でんき》を逃《に》がすための線《せん》は?

①サン ②ムーン ③アース

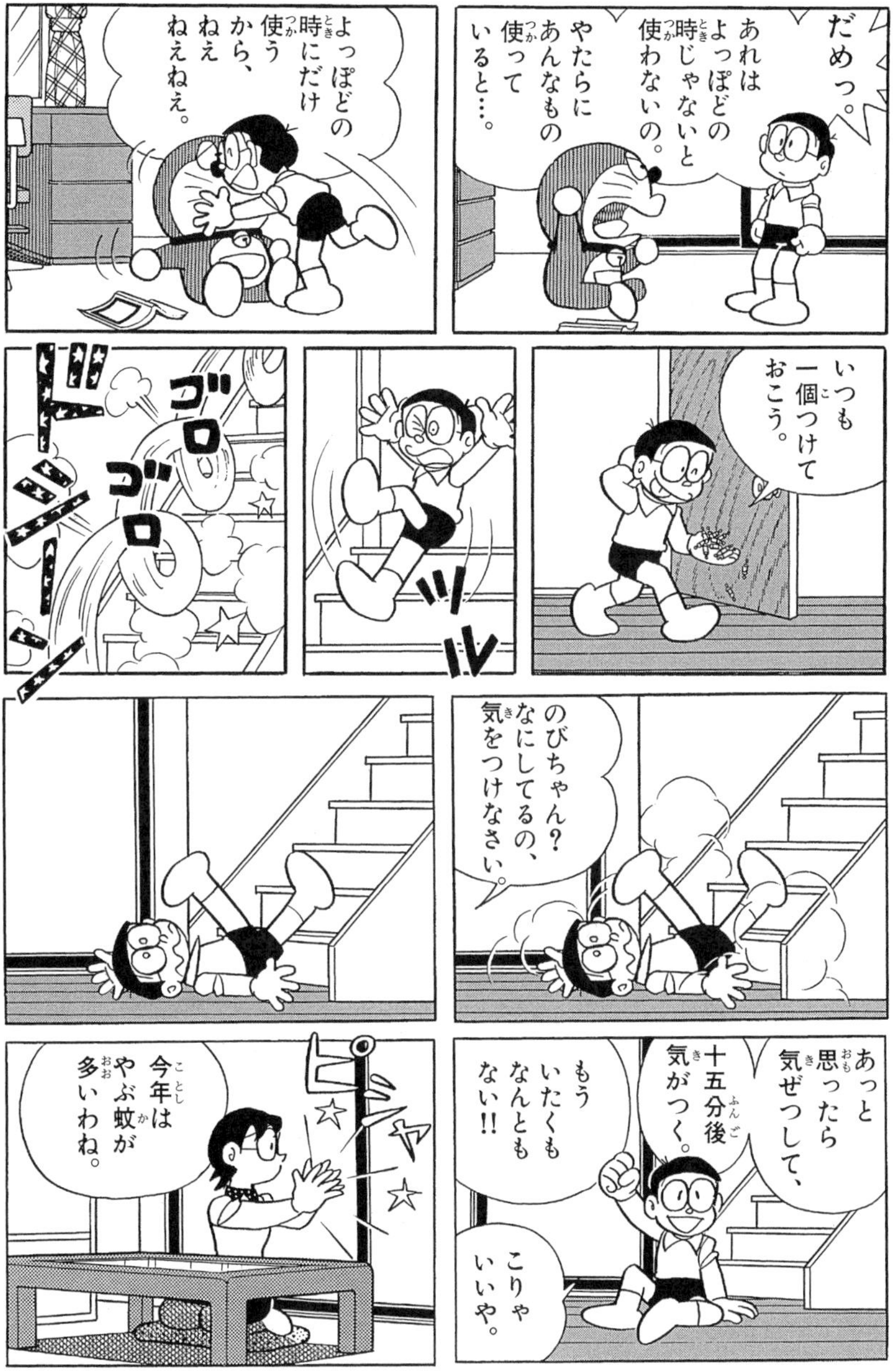

A ③アース　正式名称《せいしきめいしょう》は「アース線《せん》」。家電製品《かでんせいひん》からもれた電気《でんき》を、危険《きけん》がないよう地面《じめん》に逃《に》がす役割《やくわり》をしているよ。

雑草《ざっそう》がはびこってるからだわ。
のび太《た》になんべんいっても草《くさ》むしりしないから。
のび太《た》!!
ガミガミガミガミ
パシ☆
コトン
これっ、しっかりしなさい!!
のびちゃん。
のびちゃん!!
きびしくしかりすぎてショックをうけたんだわ。
ああ、神《かみ》さま。
お医者《いしゃ》さまよんでくるわ。
ヒューズはまだまだあるよ。

野球《やきゅう》だ、こい。
やだね。
さからうか!!
ぼくにおこらないほうがいいよ。
なにをぬかす!!
パシ
コツ
お！息《いき》がとまってるぜ。
そんなばかな!!
おれはかる～く一発《ぱつ》…。
ぼくし～らない。
おれも。
こないだかした十円《えん》、はやく返《かえ》せ!!
十円《えん》!!
パシン
もういい。
返《かえ》さなくてもいいから。

電気《でんき》クイズQ&A《キューアンドエー》

Q 電子《でんし》レンジでアルミホイルを温《あたた》めてはいけない。本当《ほんとう》？ ウソ？

A 本当《ほんとう》　アルミホイルを電子《でんし》レンジで温《あたた》めると、火花《ひばな》が出《で》てとても危険《きけん》。絶対《ぜったい》にしてはだめだよ。

電気《でんき》が変《か》えた私《わたし》たちのくらし

電気《でんき》で動《うご》く便利《べんり》な家庭用電化製品《かていようでんかせいひん》が人々《ひとびと》のくらしを大《おお》きく変《か》えた

電気《でんき》が普及《ふきゅう》して、私《わたし》たちのくらしはとても便利《べんり》になった。Ｐａｒｔ《パート》４で紹介《しょうかい》した乗《の》り物《もの》だけでなく、家庭用《かていよう》の電化製品《でんかせいひん》、いわゆる「家電《かでん》」の登場《とうじょう》も、人々《ひとびと》の生活《せいかつ》に大《おお》きな変化《へんか》をもたらしたんだ。

自分《じぶん》の家《いえ》にある家電《かでん》で、それがなかったらどうするか、もしくはなかったころの人《ひと》たちはどうしていたのかを考《かんが》えてみよう。

夏《なつ》の暑《あつ》いときには、今《いま》なら扇風機《せんぷうき》やエアコンを使《つか》って涼《すず》しくする。でもそれがなければ、うちわや扇子《せんす》などを使《つか》って風《かぜ》を送《おく》る。でもそれでは、そんなに涼《すず》しくはならないし、長《なが》くあおいでいたら手《て》が疲《つか》れてしまうよね。

同《おな》じように洗濯《せんたく》も、昔《むかし》は洗濯板《せんたくいた》で服《ふく》の汚《よご》れを落《お》とすなどして、手《て》で時間《じかん》をかけてやらなくてはいけなかった。でも今《いま》は、洗濯機《せんたくき》に入《い》れてボタンを押《お》せば自動《じどう》でやってくれる。そのほうが汚《よご》れもしっかりと落《お》とせるよね。

食《た》べ物《もの》や飲《の》み物《もの》を冷《ひ》やし、食《た》べ物《もの》がいたんだり、カビが生《は》えたりしないように保存《ほぞん》する冷蔵庫《れいぞうこ》はどうだろう？

昔《むかし》は氷《こおり》を使《つか》って食《た》べ物《もの》を冷《ひ》やしたり、涼《すず》しくて湿気《しっけ》の少《すく》ない倉庫《そうこ》に入《い》れて保存《ほぞん》したりしていた。また、漬物《つけもの》や干物《ひもの》、くん製《せい》、缶詰《かんづめ》などは、もともと食《た》べ物《もの》を保存《ほぞん》するための知恵《ちえ》だ。ただ、何《なん》でも漬物《つけもの》や缶詰《かんづめ》にはできないし、手間《てま》もかかる。長《なが》くいい状態《じょうたい》で保存《ほぞん》しておくためには、冷蔵庫《れいぞうこ》や冷凍庫《れいとうこ》がとても便利《べんり》だね。

▲電気《でんき》のおかげで、人々《ひとびと》のくらしはとても便利《べんり》になったんだ。

戦後《せんご》の日本《にほん》を象徴《しょうちょう》する家電製品《かでんせいひん》の「三種《さんしゅ》の神器《じんぎ》」

第二次世界大戦後《だいにじせかいたいせんご》の1950年代後半《ねんだいこうはん》、日本《にほん》の経済《けいざい》は急成長《きゅうせいちょう》し、やがて「高度経済成長期《こうどけいざいせいちょうき》」に入《はい》っていった。そのころに家電《かでん》も普及《ふきゅう》していき、白黒《しろくろ》テレビ・洗濯機《せんたくき》・冷《れい》蔵庫《ぞうこ》の3つの家電製品《かでんせいひん》は「三種《さんしゅ》の神器《じんぎ》」といわれたんだ。「三種《さんしゅ》の神器《じんぎ》」というのは、もともと日本神話《にほんしんわ》で瓊瓊杵尊（ニニギノミコト）が天照大神（アマテラスオオミカミ）から授《さず》けられたとされる鏡《かがみ》・玉《たま》・剣《けん》のこと。それになぞらえて、3種類《しゅるい》の家電《かでん》を新《あたら》しい時代《じだい》の生活必需品《せいかつひつじゅひん》として宣伝《せんでん》したんだよ。

ただ、そう呼《よ》ばれ始《はじ》めたころは、まだ値段《ねだん》がとても高《たか》かったこともあり、今《いま》のようにどこの家庭《かてい》にもあるというわけではなかった。

▲1950年代《ねんだい》なかばごろには、街頭《がいとう》にあるテレビをみんなで見《み》ていたんだ。

3つの中《なか》でいち早《はや》く普及《ふきゅう》したのは、白黒《しろくろ》テレビ。デパートや駅《えき》などに設置《せっち》された街頭《がいとう》テレビの前《まえ》には多《おお》くの人《ひと》が集《あつ》まり、野球中継《やきゅうちゅうけい》やプロレス中継《ちゅうけい》などに熱中《ねっちゅう》したんだ。

やがて、テレビは白黒《しろくろ》からカラーに変《か》わっていく。高度経済成長《こうどけいざいせいちょう》が加速《かそく》した1960年代《ねんだい》なかばには、カラーテレビ・クーラー・自動車《じどうしゃ》の3つが「新《しん》・三種《さんしゅ》の神器《じんぎ》」といわれるようになった。あるいは、その3つを英語《えいご》で書《か》いたときの頭文字《かしらもじ》がすべてC《シー》である（Color《カラー》 television《テレビジョン》・Cooler《クーラー》・Car《カー》）ことから、「3C《シー》」とも呼《よ》ばれたんだよ。

家電《かでん》が右肩上《みぎかたあ》がりに普及《ふきゅう》 暮《く》らしはより便利《べんり》に

1964年《ねん》には東京《とうきょう》オリンピックが開催《かいさい》され、それを機《き》に各《かく》メーカーがカラーテレビの製造《せいぞう》に力《ちから》を入《い》れ始《はじ》めた。当時《とうじ》はまだ白黒《しろくろ》テレビのほうが圧倒的《あっとうてき》に普及《ふきゅう》していたけど、1970年代《ねんだい》なかばくらいにはカラーテレビの普及《ふきゅう》率《りつ》が白黒《しろくろ》テレビを逆転《ぎゃくてん》したんだ。

1970年《ねん》ごろになると、冷蔵庫《れいぞうこ》や洗濯機《せんたくき》はほとんどの家庭《かてい》で使《つか》われるようになり、カラーテレビやエアコン、掃除機《そうじき》などの普及率《ふきゅうりつ》も急上昇《きゅうじょうしょう》していった。今《いま》では多《おお》くの家《いえ》で使《つか》われている家電《かでん》は、このように日本《にほん》の家庭《かてい》に定着《ていちゃく》

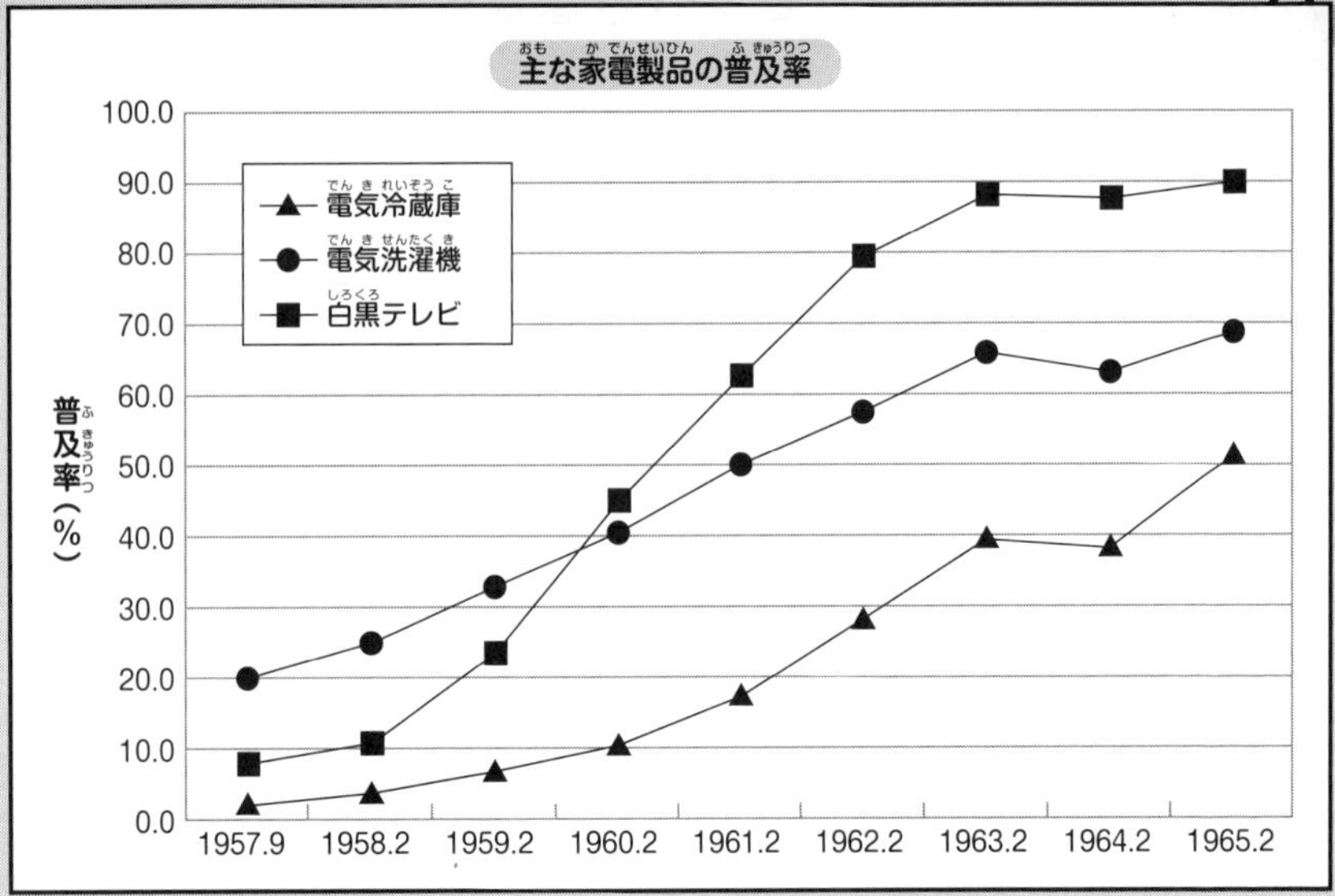

▲1960年代《ねんだい》に、冷蔵庫《れいぞうこ》や洗濯機《せんたくき》、白黒《しろくろ》テレビが急速《きゅうそく》に家庭《かてい》に普及《ふきゅう》していった。内閣府消費動向調査資料《ないかくふしょうひどうこうちょうさしりょう》より作成《さくせい》

していったんだ。

その後《ご》、１９７０年代《ねんだい》にはパソコン、１９８０年代《ねんだい》には携帯電話《けいたいでんわ》が登場《とうじょう》。ほかの家電製品《かでんせいひん》と同《おな》じように時間《じかん》をかけてだんだんとみんなが持《も》つようになり、今《いま》のような一家《いっか》に一台《いちだい》、一人一台《ひとりいちだい》が当《あ》たり前《まえ》という時代《じだい》になっていったんだよ。

特別《とくべつ》コラム

子《こ》どもが好《す》きな「巨人《きょじん》・大鵬《たいほう》・卵焼《たまごや》き」

テレビが普及《ふきゅう》していったころ、多《おお》くの人《ひと》が見《み》ていたのが、プロ野球《やきゅう》やプロレス、大相撲《おおずもう》などのスポーツ中継《ちゅうけい》だった。プロ野球《やきゅう》の王《おう》・長嶋《ながしま》、プロレスの力道山《りきどうざん》などがみんなのスターだったんだ。

そんな中《なか》、子《こ》どもたちが好《す》きなものの代名詞《だいめいし》として、プロ野球《やきゅう》の巨人軍《きょじんぐん》（読売《よみうり》ジャイアンツ）、大相撲《おおずもう》の横綱《よこづな》・大鵬《たいほう》、料理《りょうり》の卵《たまご》焼《や》きが挙《あ》げられた。そして、それを並《なら》べた「巨人《きょじん》・大鵬《たいほう》・卵焼《たまごや》き」という言葉《ことば》が流行《りゅうこう》したんだよ。

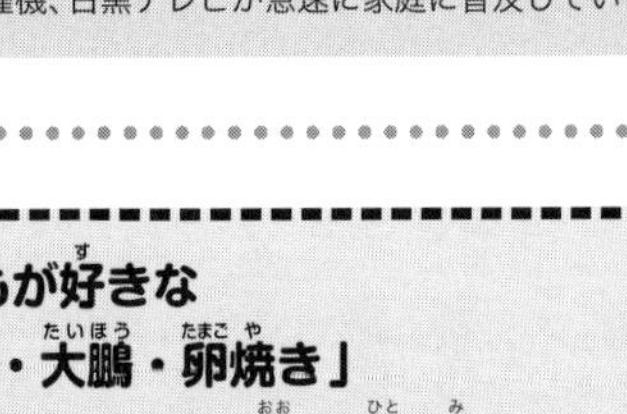

ヒューズ しってるだろ、電気《でんき》の入口《いりぐち》についていて、
電気《でんき》器具《きぐ》が故障《こしょう》したり、電気《でんき》を使《つか》いすぎたりすると切《き》れるんだ。
ヒューズ

まるで魔法《まほう》!? 家電《かでん》のしくみ

家電《かでん》が動《うご》くしくみをのぞいてみよう!

家電《かでん》が電気《でんき》を使《つか》っているのはわかるけど、それぞれの家電《かでん》はいったい、どんなしくみで動《うご》いているのか、知《し》っているかな? 気《き》になるものをいくつか見《み》てみよう。

●蛍光灯《けいこうとう》

部屋《へや》を明《あか》るくしてくれる蛍光灯《けいこうとう》の中《なか》には水銀《すいぎん》ガスが入《はい》っていて、それに電極《でんきょく》から発生《はっせい》した電子《でんし》をぶつけることで「紫外線《しがいせん》」が発生《はっせい》する。紫外線《しがいせん》というのは太陽《たいよう》などからも出《で》ている光《ひかり》で、目《め》には見《み》えないんだ。そして、その紫外線《しがいせん》がガラス管《かん》にぬられた蛍光塗料《けいこうとりょう》にぶつかり、蛍光塗料《けいこうとりょう》が発光《はっこう》するというしくみだ。

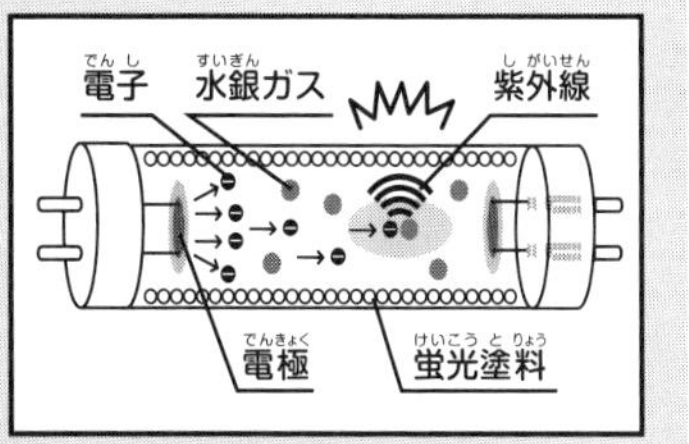
電子《でんし》
水銀《すいぎん》ガス
紫外線《しがいせん》
電極《でんきょく》
蛍光塗料《けいこうとりょう》

▲蛍光灯《けいこうとう》は、電子《でんし》と水銀《すいぎん》ガスがぶつかって出《で》た紫外線《しがいせん》が蛍光塗料《けいこうとりょう》にあたって光《ひか》る。

電子《でんし》を水銀《すいぎん》ガスにぶつけ、水銀《すいぎん》ガスから出《で》た紫外線《しがいせん》を蛍光塗料《けいこうとりょう》にぶつけて目《め》に見《み》える光《ひかり》に変換《へんかん》するということ。こんなしくみで、部屋《へや》を明《あか》るくしているんだ。

●冷蔵庫《れいぞうこ》、クーラー

夏《なつ》の暑《あつ》い日《ひ》に家《いえ》の外《そと》に水《みず》をまく「打《う》ち水《みず》」を知《し》っているかな? あれは「気化熱《きかねつ》」といって、水《みず》が気体《きたい》に変《か》わるときにまわりから熱《ねつ》を吸収《きゅうしゅう》する現象《げんしょう》を利用《りよう》し、地面《じめん》の熱《ねつ》を空気《くうき》の中《なか》に逃《に》がしているんだ。

冷蔵庫《れいぞうこ》とクーラーは、どちらもこの気化熱《きかねつ》を利用《りよう》して空気《くうき》を

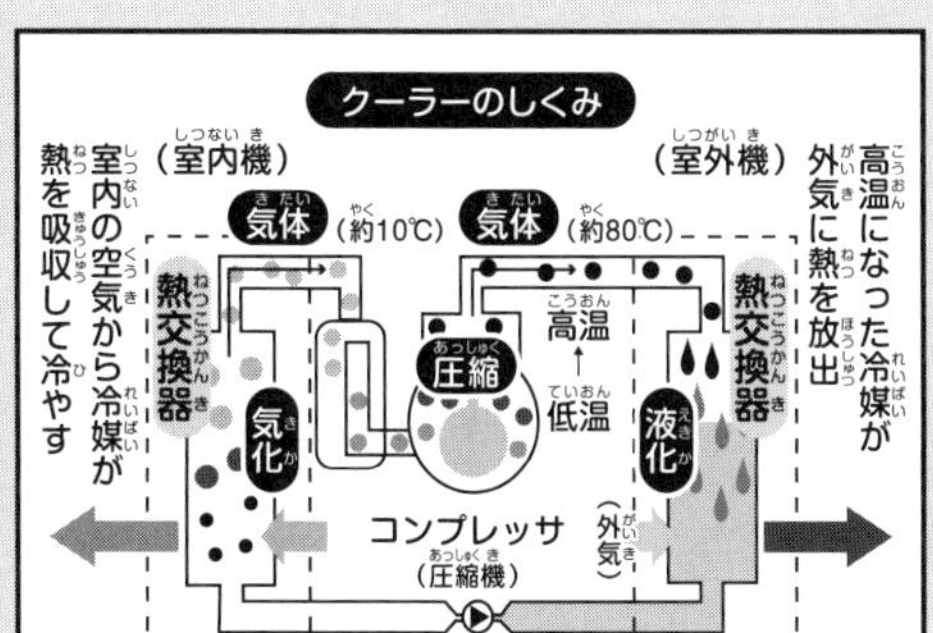
クーラーのしくみ
(室内機《しつないき》)
(室外機《しつがいき》)
室内《しつない》の空気《くうき》から冷媒《れいばい》が熱《ねつ》を吸収《きゅうしゅう》して冷《ひ》やす
高温《こうおん》になった冷媒《れいばい》が外気《がいき》に熱《ねつ》を放出《ほうしゅつ》
気体《きたい》 (約《やく》10℃)
気体《きたい》 (約《やく》80℃)
熱交換器《ねつこうかんき》
熱交換器《ねつこうかんき》
気化《きか》
液化《えきか》
圧縮《あっしゅく》
高温《こうおん》
↑
低温《ていおん》
コンプレッサ
(圧縮機《あっしゅくき》)
(外気《がいき》)
液体《えきたい》 (約《やく》5℃)
膨張弁《ぼうちょうべん》
液体《えきたい》 (約《やく》45℃)

冷《ひ》やしている。まず「冷媒《れいばい》」というフロンなどの気体《きたい》を、「コンプレッサ（圧縮機《あっしゅくき》）」という装置《そうち》で圧縮《あっしゅく》する。空気《くうき》は圧縮《あっしゅく》されると熱《あつ》くなり、まわりに熱《ねつ》を与《あた》える性質《せいしつ》があるので、圧縮《あっしゅく》することによって冷媒《れいばい》のもつエネルギーを放出《ほうしゅつ》するんだ。その冷媒《れいばい》を今度《こんど》は一気《いっき》にふくらませると、冷媒《れいばい》の温度《おんど》はぐんと下《さ》がる。この冷《さ》めた冷媒《れいばい》でまわりの空気《くうき》を冷《つめ》たくし、冷蔵庫《れいぞうこ》の中《なか》や部屋《へや》を冷《ひ》やすんだ。逆《ぎゃく》に熱《あつ》くなった冷媒《れいばい》は熱交換機外《ねつこうかんきがい》に出《だ》し、再《ふたた》びコンプレッサに送《おく》る。それを繰《く》り返《かえ》しているんだ。

●電子《でんし》レンジ、オーブン

食《た》べ物《もの》などを温《あたた》めてくれる電子《でんし》レンジは、「マイクロ波《は》」という高《たか》い周波数《しゅうはすう》の電磁波《でんじは》を使《つか》っているんだ。磁石《じしゃく》を組《く》み込《こ》んだ真空管《しんくうかん》（マグネトロン）から出《で》るマイクロ波《は》を食品《しょくひん》に当《あ》てると、食品《しょくひん》の中《なか》の水分子《みずぶんし》に含《ふく》まれる電子《でんし》が振動《しんどう》する。その振動《しんどう》で摩《ま》さつ熱《ねつ》が生《しょう》じ、食品全体《しょくひんぜんたい》が温《あたた》まるんだ。

一方《いっぽう》で、パンなどを焼《や》くオーブンは赤外線《せきがいせん》を利用《りよう》している。赤外線《せきがいせん》もマイクロ波《は》と同《おな》じ電磁波《でんじは》なんだけど、周波数《しゅうはすう》が低《ひく》くて吸収《きゅうしゅう》されやすいので、食品《しょくひん》の表面《ひょうめん》だけを焼《や》くような感《かん》じになるんだ。食《た》べ物《もの》を中《なか》から温《あたた》めるのが電子《でんし》レンジ、外側《そとがわ》を温《あたた》めるのがオーブンだよ。

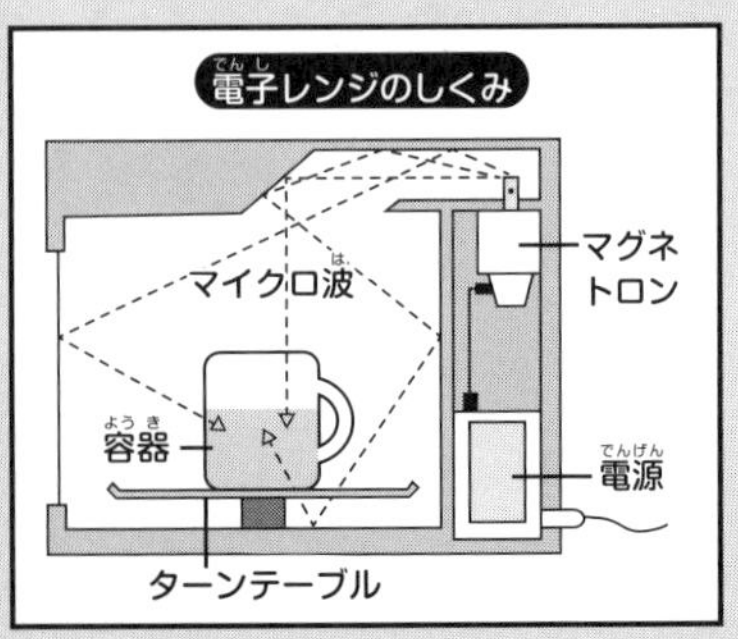
電子《でんし》レンジのしくみ
マイクロ波《は》
マグネトロン
容器《ようき》
電源《でんげん》
ターンテーブル

特別コラム

「ヒューズ」って何《なに》？

まんがに「ヒューズ」ということばが出《で》てきたけど、どんなものかわかったかな？　電気製品《でんきせいひん》などの中《なか》に入《はい》っているヒューズは、電流《でんりゅう》が多《おお》く流《なが》れるのを防《ふせ》ぐ安全装置《あんぜんそうち》として使《つか》うもので、熱《ねつ》に溶《と》けやすい合金《ごうきん》でつくられている。電気製品《でんきせいひん》にあまりにも多《おお》くの電流《でんりゅう》が流《なが》れると危険《きけん》だったり、機械《きかい》が故障《こしょう》する原因《げんいん》になったりするため、決《き》められた数値以上《すうちいじょう》の電流《でんりゅう》が流《なが》れると、合金《ごうきん》の部分《ぶぶん》が溶《と》けて切《き》れる。それが「ヒューズがとぶ」という状態《じょうたい》だ。ヒューズが切《き》れても、その部分《ぶぶん》を交換《こうかん》すれば元通《もとどお》りになるよ。

自動車《じどうしゃ》の電気回路《でんきかいろ》や、電気《でんき》で加熱《かねつ》する機器《きき》のドライヤー、こたつなどによく入《はい》っているんだ。

家電製品《かでんせいひん》の進化《しんか》を振《ふ》り返《かえ》ってみよう

世界初《せかいはつ》の家電製品《かでんせいひん》は電灯《でんとう》 19世紀末《せいきまつ》から普及《ふきゅう》した

いろいろな時代《じだい》をへて、今《いま》ではどの家《いえ》にも電化製品《でんかせいひん》があるのが普通《ふつう》になっているけど、その歴史《れきし》は100年以上《ねんいじょう》とすごく古《ふる》い。世界初《せかいはつ》の電化製品《でんかせいひん》といえるのは、まわりを明《あか》るくするための電灯《でんとう》だ。

日本《にほん》では、明治時代《めいじじだい》の1882年《ねん》、東京《とうきょう》の銀座《ぎんざ》に「アーク灯《とう》」と呼《よ》ばれる電気《でんき》の街灯《がいとう》が、日本《にほん》で初《はじ》めて設置《せっち》された。文明開化《ぶんめいかいか》の象徴《しょうちょう》ともいえ、それを見《み》るために毎日《まいにち》たくさんの人《ひと》がやってきたんだよ。

家電製品《かでんせいひん》を一般《いっぱん》の家庭《かてい》で使《つか》われる電化製品《でんかせいひん》だと考《かんが》えれば、世界《せかい》で初《はじ》めての家電製品《かでんせいひん》も、その電灯《でんとう》ということになる。

1880年《ねん》にアメリカで、エジソンが白熱電球《はくねつでんきゅう》を商品化《しょうひんか》することに成功《せいこう》。その後《ご》、発電所《はつでんしょ》が建設《けんせつ》され、家庭《かてい》に電気《でんき》を送《おく》るための送電施設《そうでんしせつ》が整備《せいび》されたことで、各家庭《かくかてい》に電灯《でんとう》が普及《ふきゅう》するようになったんだよ。

より便利《べんり》で高性能《こうせいのう》に進化《しんか》を続《つづ》ける家電製品《かでんせいひん》

家電製品《かでんせいひん》が普及《ふきゅう》した後《あと》も、それぞれがより便利《べんり》に、より高性能《こうせいのう》になり、今《いま》なお進化《しんか》を続《つづ》けている。

たとえば、洗濯機《せんたくき》。もちろん機械《きかい》が服《ふく》を洗《あら》ってくれるだけで画期的《かっきてき》だったけど、最初《さいしょ》は洗《あら》ってくれるだけで、干《ほ》す前《まえ》に人《ひと》が手《て》で水《みず》を絞《しぼ》らなくてはいけなかったんだ。

でも、やがて脱水機能《だっすいきのう》がついて、洗《あら》った後《あと》に絞《しぼ》るところまでを機械《きかい》がやってくれるようになった。ただ、初期《しょき》のものはローラーではさんで絞《しぼ》っていたので、生地《きじ》がいたんだり、ボタンなどが取《と》れたりしやすかったけれど、やがて遠心力《えんしんりょく》で水《みず》を飛《と》ばすように改良《かいりょう》されたんだ。

洗濯機《せんたくき》に水《みず》を入《い》れるのも、初《はじ》めは人間《にんげん》が手《て》でやっていたけど、洗濯物《せんたくもの》の量《りょう》に合《あ》わせて、水《みず》の量《りょう》や洗《あら》う時間《じかん》などを自動《じどう》で判断《はんだん》してくれるようになった。洗濯《せんたく》するのに使《つか》う水《みず》の量《りょう》も、今《いま》は初期《しょき》に比《くら》べてかなり少《すく》なくなっているんだよ。

さらに今度《こんど》は乾燥機《かんそうき》が開発《かいはつ》され、干《ほ》す作業《さぎょう》や時間《じかん》も必要《ひつよう》なくなった。家電製品《かでんせいひん》はこの先《さき》、どこまで進化《しんか》していくんだろうね。

▲洗濯機《せんたくき》が自動《じどう》で洗濯《せんたく》、乾燥《かんそう》、アイロンがけ、折《お》りたたみまでやってくれる。そんな日《ひ》がくるかも……？

テレビの歴史《れきし》は60年《ねん》以上《いじょう》 超高画質《ちょうこうがしつ》で超薄型《ちょううすがた》に

続《つづ》いては、テレビの進化《しんか》を振《ふ》り返《かえ》ってみよう。初期《しょき》のテレビは、ドラえもんのまんがに登場《とうじょう》するようなブラウン管《かん》テレビだった。

ブラウン管《かん》というのは、ドイツのブラウンという物理《ぶつり》学者《がくしゃ》が発明《はつめい》した、電気《でんき》を光《ひかり》に変《か》える真空《しんくう》の管《くだ》のこと。彼《かれ》はその功績《こうせき》などが評価《ひょうか》されて、ノーベル物理学賞《ぶつりがくしょう》を受賞《じゅしょう》

テレビの歴史《れきし》

●1920年代《ねんだい》〜

・テレビ映像《えいぞう》の伝送《でんそう》・受像《じゅぞう》に成功《せいこう》（1926年《ねん》）

世界《せかい》で初《はじ》めて電気信号《でんきしんごう》による画像《がぞう》の伝送《でんそう》を成功《せいこう》させたのは日本《にほん》。「日本《にほん》のテレビの父《ちち》」といわれる高柳健次郎《たかやなぎけんじろう》氏《し》らがテレビの開発《かいはつ》に取《と》り組《く》み、1926年《ねん》12月《がつ》25日《にち》に、いろはの最初《さいしょ》にあたる「イ」の文字《もじ》をテレビに映《うつ》した。

●1950年代《ねんだい》〜

・国産《こくさん》の白黒《しろくろ》テレビ量産開始《りょうさんかいし》（1953年《ねん》）

国産第《こくさんだい》1号《ごう》のテレビは、シャープが1951年《ねん》に試作《しさく》に成功《せいこう》。1953年《ねん》に本格的《ほんかくてき》な量産《りょうさん》が開始《かいし》された。価格《かかく》は17万《まん》5000円《えん》。当時《とうじ》の公務員《こうむいん》の高卒初任給《こうそつしょにんきゅう》が5400円《えん》くらいだったから、その30倍《ばい》以上《いじょう》ともものすごく高価《こうか》だったんだ。

・日本《にほん》でテレビ放送開始《ほうそうかいし》（1953年《ねん》）

1953年《ねん》2月《がつ》にNHK《エヌエイチケー》が日本《にほん》で初《はじ》めてのテレビ放送《ほうそう》を開始《かいし》。8月《がつ》には民放《みんぽう》も続《つづ》いた。

●1960年代《ねんだい》〜

・カラーテレビ放送《ほうそう》が開始《かいし》（1960年《ねん》）

白黒《しろくろ》テレビは明《あか》るさの信号《しんごう》を送《おく》り、受信《じゅしん》したテレビでそれを光《ひかり》に変換《へんかん》する。一方《いっぽう》カラーテレビ放送《ほうそう》は、明《あか》るさに加《くわ》えて色《いろ》の信号《しんごう》を送《おく》り、受信《じゅしん》したテレビ受像機《じゅぞうき》でそれを合成《ごうせい》することによって画像《がぞう》をつくるというしくみだ。

▲初期《しょき》のカラーテレビ「ナショナル21形《がた》」。
写真提供／パナソニック株式会社

している。そのブラウン管《かん》に、電気信号《でんきしんごう》を与《あた》えることにより、画面《がめん》に映像《えいぞう》が映《うつ》るんだよ。

やがて、ブラウン管《かん》から液晶《えきしょう》やプラズマに変《か》わっていった。さらに最近《さいきん》では、有機《ゆうき》EL《イーエル》テレビというものも登場《とうじょう》している。有機物《ゆうきぶつ》に電圧《でんあつ》をかけることで発光《はっこう》する「有機《ゆうき》エレクトロ・ルミネッセンス」という現象《げんしょう》を利用《りよう》したもので、ブラウン管《かん》のように放電《ほうでん》スペースを必要《ひつよう》としないからテレビを非常《ひじょう》に薄《うす》くすることができる。最新型《さいしんがた》のテレビには、薄《うす》さ1cm以下《いか》のものもあるんだよ。

インターネットにつながることで家電製品《かでんせいひん》はさらに便利《べんり》に進化《しんか》!

ここまでに説明《せつめい》してきたように、それぞれの家電《かでん》はより使《つか》いやすく便利《べんり》になってきている。それと合《あ》わせて情報技術《じょうほうぎじゅつ》が進化《しんか》したことで、私《わたし》たちのくらしはさらに大《おお》きく変化《へんか》しているんだ。

今《いま》は、スマートフォンと家電製品《かでんせいひん》がインターネットでつながり、スマートフォンが一《ひと》つあれば、あらゆる家電製品《かでんせいひん》を操作《そうさ》できるようになりつつある。そういった機能《きのう》をもった家電《かでん》を「スマート家電《かでん》」というよ。ちなみに、ここでいう「スマート」は、スマートフォンと同《おな》じように

●1970年代《ねんだい》~

・**赤外線《せきがいせん》リモコンつきテレビが登場《とうじょう》(1972年《ねん》)**

チャンネルや音量《おんりょう》を変《か》えるのに遠《とお》くから操作《そうさ》できるようになった。

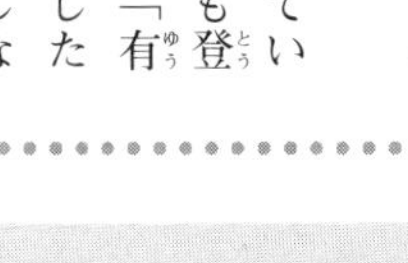

▲初期《しょき》のビデオデッキ「マックロード NV-8800」。写真提供/パナソニック株式会社

・**ビデオデッキが登場《とうじょう》(1976年《ねん》)**

・**複数《ふくすう》の音声《おんせい》を重《かさ》ねるステレオ放送《ほうそう》が開始《かいし》(1978年《ねん》)**

●1980年代《ねんだい》~

・**BS《ビーエス》衛星放送《えいせいほうそう》の試験放送《しけんほうそう》が開始《かいし》(1986年《ねん》)**

場所《ばしょ》によって電波《でんぱ》が弱《よわ》く、映《うつ》りが悪《わる》いという問題《もんだい》を解決《かいけつ》。

●1990年代《ねんだい》~

・**ハイビジョン映像《えいぞう》の実験放送《じっけんほうそう》が開始《かいし》(1989年《ねん》)**

画質《がしつ》がきれいなハイビジョン放送《ほうそう》が本格化《ほんかくか》。ハイビジョン対応《たいおう》のテレビによって、大画面《だいがめん》できれいに映《うつ》るようになった。

●2000年代《ねんだい》~

・**地上《ちじょう》デジタル放送《ほうそう》がスタート(2003年《ねん》)**

ブラウン管《かん》から、液晶《えきしょう》やプラズマに変《か》わり、大画面《だいがめん》で薄型《うすがた》のテレビが普及《ふきゅう》していく。

●2010年代《ねんだい》

・**アナログ放送《ほうそう》からデジタル放送《ほうそう》へ完全移行《かんぜんいこう》(2011年《ねん》)**

専用《せんよう》の3D《スリーディー》メガネをかけて見《み》ると映像《えいぞう》が飛《と》び出《だ》してくる3D《スリーディー》対応《たいおう》テレビや、スマートフォンと連携《れんけい》して操作《そうさ》することができるスマートテレビなどが登場《とうじょう》した。

「賢《かしこ》い」という意味《いみ》で使《つか》われているんだ。
家《いえ》の外《そと》にいながらスマートフォンでエアコンのスイッチをつけたり、冷蔵庫《れいぞうこ》の中身《なかみ》を確認《かくにん》したり、テレビ番組《ばんぐみ》を検索《けんさく》してボタンを押《お》すと録画予約《ろくがよやく》をしてくれたりといったことができるんだ。

このような、さまざまな装置同士《そうちどうし》がインターネットでつながり、情報交換《じょうほうこうかん》することによって、その場《ば》に行《い》かなくても装置《そうち》の操作《そうさ》ができたり、動作《どうさ》の状況《じょうきょう》がわかったりするしくみを「ＩｏＴ（アイ・オー・ティー）」という。ＩｏＴ《アイオーティー》というのは、「Internet《インターネット》 of《オブ》 Things《シングス》（モノのインターネット）」を略《りゃく》したことばだよ。

そして、そのしくみを利用《りよう》した「ＩｏＴ《アイオーティー》家《か》電《でん》」も増《ふ》えてきている。たとえば、調理器具《ちょうりきぐ》に「きょうは何《なに》をつくろう？」と聞《き》くと、世間《せけん》で人気《にんき》のあるメニューを検索《けんさく》して提案《ていあん》し、そのつくり方《かた》を教《おし》えてくれたり、冷蔵庫《れいぞうこ》が足《た》りなくなった食材《しょくざい》を自動《じどう》でインターネット注文《ちゅうもん》してくれたりといったこともできるようになるんだ。

キャベツと豚肉《ぶたにく》があるんだけど…
オコノミヤキガ
オススメデス

こうしたＩｏＴ《アイオーティー》家電《かでん》の生産数《せいさんすう》はだんだんと増《ふ》えていて、今《いま》まで想像《そうぞう》もできなかったようなことができるようになっているんだよ。

特別《とくべつ》コラム

部屋《へや》の掃除《そうじ》はお任《まか》せ!?
ロボット掃除機《そうじき》

最近《さいきん》よく話題《わだい》になるロボット掃除機《そうじき》を知《し》っているかな？自動《じどう》で部屋《へや》の壁《かべ》や物《もの》を避《さ》けながら掃除《そうじ》をしてくれる掃除機《そうじき》だ。これもスマート家電《かでん》の一種《いっしゅ》だよ。最近《さいきん》ではいろいろな企業《きぎょう》がロボット掃除機《そうじき》を発売《はつばい》していて、家《いえ》の外《そと》からスマートフォンで操《そう》作《さ》できるのはもちろん、部屋《へや》の隅《すみ》や机《つくえ》の下《した》などの細《こま》かいところまで掃除《そうじ》してくれるものや、ごみを捨《す》てるところまでやってくれるもの、さらに掃除《そうじ》のデータを記録《きろく》してごみが多《おお》い場所《ばしょ》を分析《ぶんせき》してくれるものなど、機《き》能《のう》や性能《せいのう》は格段《かくだん》に上《あ》がっている。何年《なんねん》かしたら、掃除《そうじ》はすべてロボット掃除機《そうじき》に任《まか》せるようになるかもしれないね。

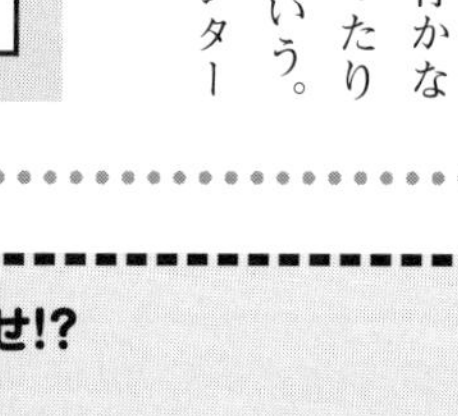
▲ロボット掃除機《そうじき》「ルーロ」。
写真提供／パナソニック株式会社

ウルトラスーパー電池《でんち》

電気《でんき》クイズQ&A《キューアンドエー》

Q 日本《にほん》で1年《ねん》につくられる電池《でんち》の数《かず》は？

①約《やく》4000万個《まんこ》　②約《やく》4億個《おくこ》　③約《やく》40億個《おくこ》

A ③約《やく》40億《おく》個《こ》　2016年《ねん》に日本《にほん》でつくられた電池《でんち》は、約《やく》39億《おく》9000万《まん》個《こ》だよ。

電気《でんき》クイズQ&A《キューアンドエー》

Q スマートフォンやスマート家電《かでん》などの「スマート」はどんな意味《いみ》?

①細《ほそ》い　②賢《かしこ》い　③かっこいい

A ②賢《かしこ》い 「smart《スマート》」は、「賢《かしこ》い」「利口《りこう》な」という意味《いみ》。ほかに「活発《かっぱつ》な」「きびきびした」などの意味《いみ》もあるよ。

冷蔵庫《れいぞうこ》にも。
ドライヤーなんかもおもしろい。
ほかにもいろいろ……。
ちらかさないでっ。
お客《きゃく》さまがみえるのよ。
それ使《つか》うの。
使《つか》うわよ。
ズ
部屋《へや》の中《なか》のもの、みんな吸《す》いこんじゃった。
またいたずらしたのね。

電気《でんき》クイズQ&A《キューアンドエー》

Q「ミニ四駆《よんく》」の「四駆《よんく》」って何《なん》の略《りゃく》？

①四輪駆動《よんりんくどう》 ②四本駆動《よんほんくどう》 ③四枚駆動《よんまいくどう》

A ①四輪駆動《よんりんくどう》　４つの車輪《しゃりん》すべてに動力《どうりょく》を伝《つた》えて車《くるま》を走《はし》らせるしくみのことだよ。

ラジコンシミュレーターでぶっとばせ

ただいま。
ブロロロオ
ドテ
ドテ
ドテ
ロロ
だれ？家《いえ》の中《なか》で車《くるま》に乗《の》ってるの。
ブロロロロ
ドテドテ
ガガ
ボテボテ
ドカー
ウギア
なんのさわぎだ。

う～ん……、あいたたた…。
ドラえもんの声《こえ》だな。
どこに乗《の》ってるの？
ぼくは二階《かい》だよ。その車《くるま》もってきて。
なんだいこれ!?
「ラジコンシミュレーター」
ここにすわってそうじゅうすると、
ラジコンカーがうごいて。
ブロロ

ドテドテ
まえにとりつけたテレビカメラが、
スクリーンにけしきをうつすんだ。
車《くるま》がぶつかると、
ガツン
こっちもショックをうける。
ガックン
あぶないんだ。きみみたいににぶい男《おとこ》は、きっと大《おお》けがをする。だからかさない。
これだけ見《み》せつけといて、そんなのあるか!?
じゃ、このへやの中《なか》だけで時速《じそく》十キロ以下《いか》なら…。
右《みぎ》がアクセル、左《ひだり》がブレーキ。
わかってるよ。ゴーカートと同《おな》じだもの。
ブロロ…
おっ、うごきだした。
ノロ
ノロ

ブロロロ…
ボテ ボテ
ボテ
ほんとに乗《の》ってるみたいだ。
ウヒラウヒラ。
ぶつかるぞ!!ハンドル!!
ばか笑《わら》いしてないでまえを見《み》ろ。
ブロロロロ
ギュ
スピードおさえて!!
ボテ
ボテ
机《つくえ》の下《した》にクモの巣《す》がはってる。
ドチーン
うるさいなあ。
おい、どこへ行《い》くんだ。
ブロロロ

こんなまっ暗《くら》じゃしようがないだろ。
はやくバックして出《だ》せよ。
なんだこれ?
ライトをつけてみよう。
ブギャーア
じゃま者《もの》がいなくなった。
きっと大《おお》けがするぞ。知《し》らないぞ。
するわけないだろ。
こんなおもちゃで。
戸《と》をあけといて、表《おもて》へ出《だ》そう。

電気《でんき》クイズQ&A《キューアンドエー》

Q 「おもちゃ」を漢字《かんじ》で書《か》くと?

①遊具《ゆうぐ》

②玩具《がんぐ》

③戯具《ぎぐ》

A ②玩具《がんぐ》　正式《せいしき》には「がんぐ」と読《よ》むけど、「おもちゃ」とも読《よ》む。

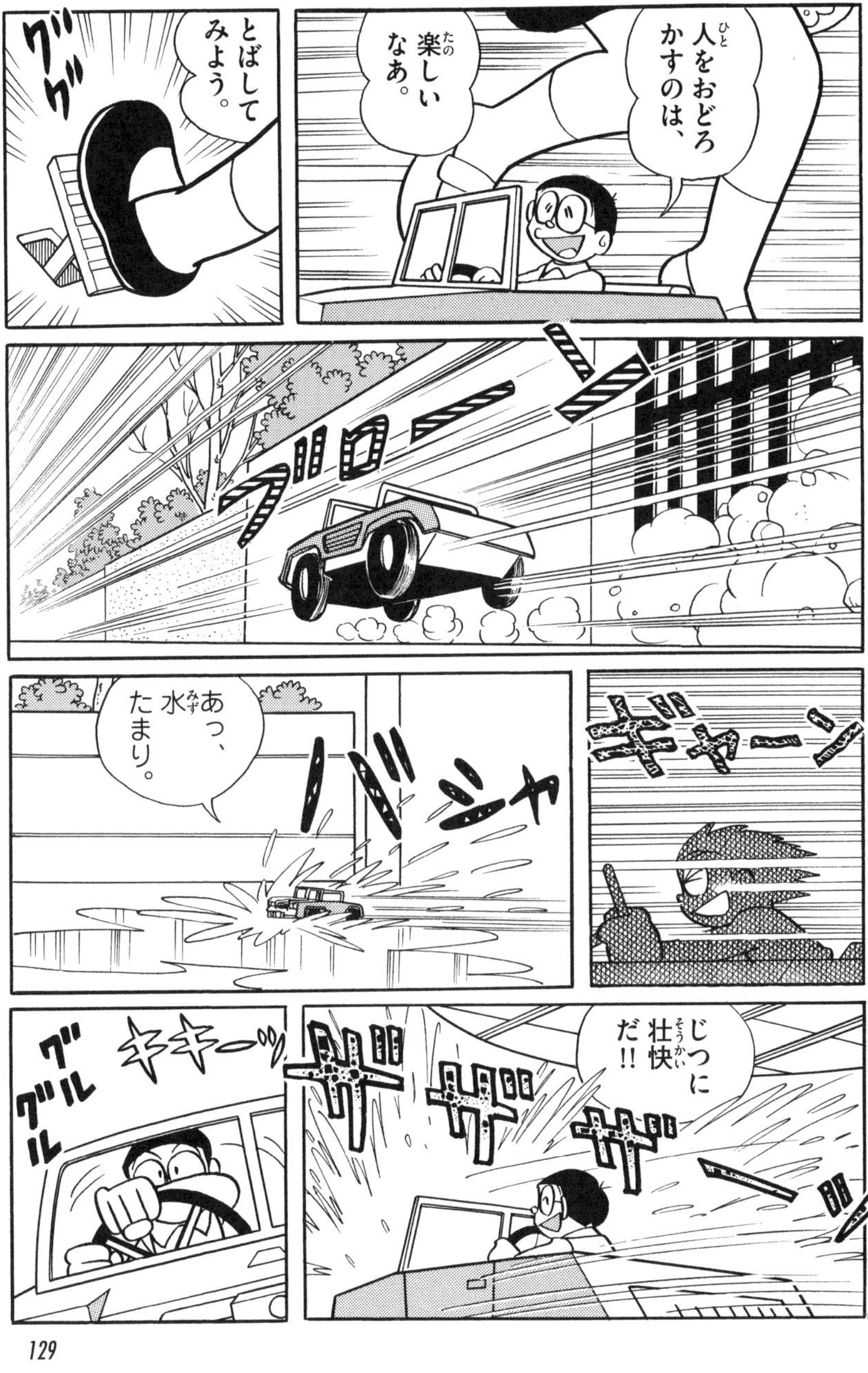

あき地《ち》を探検《たんけん》する。
ボテボテボテ
ザザザザ
フニャ
ギャーン
アフリカの草原《そうげん》で、猛獣《もうじゅう》狩《が》りしてるみたい。
わっ!!
火《ひ》にとびこんでもへいきなんだから。

あ、あっ!!
ドガジャーン
どうなったんだろう。
よくもおれの、ラジコンカーを…。
みろみろ。
だから大《おお》けがするといったんだ。

おもちゃも電気《でんき》で進化《しんか》した！

初《はじ》めての電動《でんどう》おもちゃはモータで動《うご》く自動車《じどうしゃ》

電池《でんち》で動《うご》くおもちゃで遊《あそ》んだことはあるかな？　動物《どうぶつ》やキャラクターが動《うご》いたり、車《くるま》などの乗《の》り物《もの》が走《はし》ったりとさまざまなものがあるよね。

では、電気《でんき》で動《うご》くおもちゃの最初《さいしょ》って、何《なん》だったんだろう？　電動《でんどう》おもちゃの日本第《にほんだい》1号《ごう》は、1952年《ねん》に日本《にほん》アルプス玩具《がんぐ》が発売《はつばい》した「セダン型電動自動車《がたでんどうじどうしゃ》」だったんだ。

その会社《かいしゃ》の当時《とうじ》の社長《しゃちょう》が、アメリカで子《こ》どものおみやげとして買《か》ったブリキの車《くるま》に影響《えいきょう》を受《う》け、おもちゃの会社《かいしゃ》を立《た》ち上《あ》げてつくったんだって。

この電動自動車《でんどうじどうしゃ》は、マグネット（永久磁石《えいきゅうじしゃく》）を使用《しよう》したモータで動《うご》き、前進《ぜんしん》とバック走行《そうこう》ができた。それから進化《しんか》して、正面《しょうめん》と屋根《やね》のライトが点灯《てんとう》したり、8の字走行《じそうこう》などのちょっと複雑《ふくざつ》な動《うご》きができたりするようになったんだよ。

日本初《にほんはつ》の電動自動車《でんどうじどうしゃ》が発売《はつばい》されてから2年後《ねんご》の1954年《ねん》には、東京科学工業《とうきょうかがくこうぎょう》ができた。小型《こがた》モータに特化《とっか》した会社《かいしゃ》で、今《いま》はマブチモーターという名前《なまえ》で世界的《せかいてき》に有名《ゆうめい》だ。マブチモーターが小型《こがた》モータをたくさんつくるようになって、電池《でんち》で動《うご》くおもちゃが増《ふ》えていったんだよ。

世界初《せかいはつ》のラジコンは日本《にほん》で生《う》まれた！

「ラジコン」って、どんなものかわかるかな？　「ラジオコントロール」の略《りゃく》で、日本語《にほんご》でいえば「無線操縦《むせんそうじゅう》」に

なる。ドラえもんのまんがの中《なか》でよくのび太《た》たちが遊《あそ》んでいるおもちゃだね。自動車《じどうしゃ》や飛行機《ひこうき》、ボートなど、さまざまな種類《しゅるい》があって、手《て》に持《も》ったリモコンを使《つか》って、無《む》線《せん》で操縦《そうじゅう》するんだよ。

実《じつ》はこのラジコンを世界《せかい》で最初《さいしょ》につくったのは日本《にほん》なんだ。1955年《ねん》に増田屋齋藤貿易《ますだやさいとうぼうえき》（現在《げんざい》の増田屋《ますだや》コーポレーション）が、世界《せかい》で最《もっと》も古《ふる》いラジコンカーとなる「ラジコンバス」を発売《はつばい》したんだよ。

今《いま》でも「ラジコン（RADICON）」は、増田屋《ますだや》コーポレーションの登録商標《とうろくしょうひょう》なんだ。つまり、法律《ほうりつ》によって守《まも》られていて、ほかの会社《かいしゃ》が勝手《かって》に「ラジコン」という名《な》前《まえ》を使《つか》ってはいけないということだよ。

なお、当時《とうじ》の広告《こうこく》には**遂《つい》に出《で》た　世《せ》界《かい》で初《はじ》めての無《む》線《せん》操《そう》縦《じゅう》玩《がん》具《ぐ》！**と書《か》かれてい

▶1955年《ねん》11月《がつ》に発売《はつばい》された「ラジコンバス」。
写真提供／増田屋コーポレーション

た。

値段《ねだん》は4500円《えん》。当時《とうじ》の4500円《えん》は、今《いま》でいえば10万円《まんえん》くらいにあたり、とても高《たか》かったんだ。

また、発売当時《はつばいとうじ》は、電波《でんぱ》を取《と》り締《し》まる電波監理局《でんぱかんりきょく》が「おもちゃとはいえ、電波《でんぱ》で動《うご》かす以上《いじょう》は取《と》り締《し》まる必要《ひつよう》がある」と発表《はっぴょう》し、無線《むせん》を扱《あつか》うための無線技術士《むせんぎじゅつし》の資格《しかく》を持《も》っていなければ遊《あそ》べないという事態《じたい》になった。そのため、発売《はつばい》から2年後《ねんご》の1957年《ねん》には電波法《でんぱほう》の一部《いちぶ》が改《かい》正《せい》されたんだ。法律《ほうりつ》を変《か》えてしまうほど、社会《しゃかい》に影響《えいきょう》を与《あた》えたということだね。

大《だい》ブームを起《お》こした電動自動車模型《でんどうじどうしゃもけい》「ミニ四駆《よんく》」

電気《でんき》で動《うご》くおもちゃの自動車《じどうしゃ》といえば、有名《ゆうめい》なのがミニ四駆《よんく》だ。ラジコンはあまりなじみがないという人《ひと》も、こちらは見《み》たりさわったりしたことがあるんじゃないかな？

ミニ四駆《よんく》は、動力《どうりょく》がついた自動車模型《じどうしゃもけい》（プラモデル）で、単三《たんさん》の乾電池《かんでんち》によって動《うご》く。ラジコンのようにリモコンは必要《ひつよう》なく、模型《もけい》の中《なか》にモータが入《はい》っていて、速《はや》く走《はし》ることができるんだ。

ミニ四駆《よんく》は、ラジコンカーなどもつくっていた田宮模型《たみやもけい》（現在《げんざい》のタミヤ）が１９８２年《ねん》に発売《はつばい》。35年以上《ねんいじょう》にわたって子《こ》どもから大人《おとな》まで幅広《はばひろ》く愛《あい》され、今《いま》でも高《たか》い人気《にんき》を誇《ほこ》っているんだ。

これまでに４００種類以上《しゅるいいじょう》の車種《しゃしゅ》が発売《はつばい》され、販売台数《はんばいだいすう》は、何《なん》と１億《おく》８０００万台以上《まんだいいじょう》！　何度《なんど》も大《だい》ブームを巻《ま》き起《お》こしていて、ミニ四駆《よんく》で速《はや》さなどを競《きそ》う大会《たいかい》がいくつも行《おこな》われ、ミニ四駆《よんく》を題材《だいざい》にしたまんがやゲームがいくつもつくられたんだよ。

それから、みんながよく知《し》っている乗《の》り物《もの》としては鉄道《てつどう》も人気《にんき》だね。鉄道《てつどう》の電動《でんどう》おもちゃで有名《ゆうめい》なのは、タカラトミーが販売《はんばい》しているプラレール。好《す》きに組《く》み合《あ》わせたレールの上《うえ》に、乾電池《かんでんち》で動《うご》く列車《れっしゃ》を走《はし》らせて楽《たの》しむおもちゃで、こちらも１９６１年《ねん》の発売《はつばい》から50年以上《ねんいじょう》たった今《いま》でも高《たか》い人気《にんき》を誇《ほこ》っているんだ。

▲ミニ四駆《よんく》を題材《だいざい》にしたまんが『爆走兄弟《ばくそうきょうだい》レッツ＆ゴー!! Return Racers!!《リターン レーサーズ》』（小学館《しょうがくかん》）。

特別《とくべつ》コラム

ラジコンヘリとドローン、どう違《ちが》う？

　最近《さいきん》、よくニュースなどでも耳《みみ》にする「ドローン」。空《そら》からの撮影《さつえい》などによく利用《りよう》されているヘリコプターのような機械《きかい》だ。では、ドローンとラジコンヘリは何《なに》がどう違《ちが》うのだろう？　それは、機械《きかい》が自分《じぶん》で動《うご》けるかどうか。ラジコンは必《かなら》ず人《ひと》がリモコンなどで操作《そうさ》しなくてはいけないから、落《お》ちたり、障害物《しょうがいぶつ》にぶつかったりしないように、操作《そうさ》する人《ひと》の目《め》に見《み》える範囲《はんい》しか飛《と》ぶことができない。対《たい》して、ドローンにはGPS《ジーピーエス》機能《きのう》などが内蔵《ないぞう》されていて、目的地《もくてきち》などを設定《せってい》すればドローン自体《じたい》がルートなどを検索《けんさく》して勝手《かって》に飛《と》んでいってくれる。だから、人《ひと》が立《た》ち入《い》るのは難《むずか》しい場所《ばしょ》の撮影《さつえい》や、遠《とお》くに物《もの》を運《はこ》ぶことに活用《かつよう》されているんだよ。

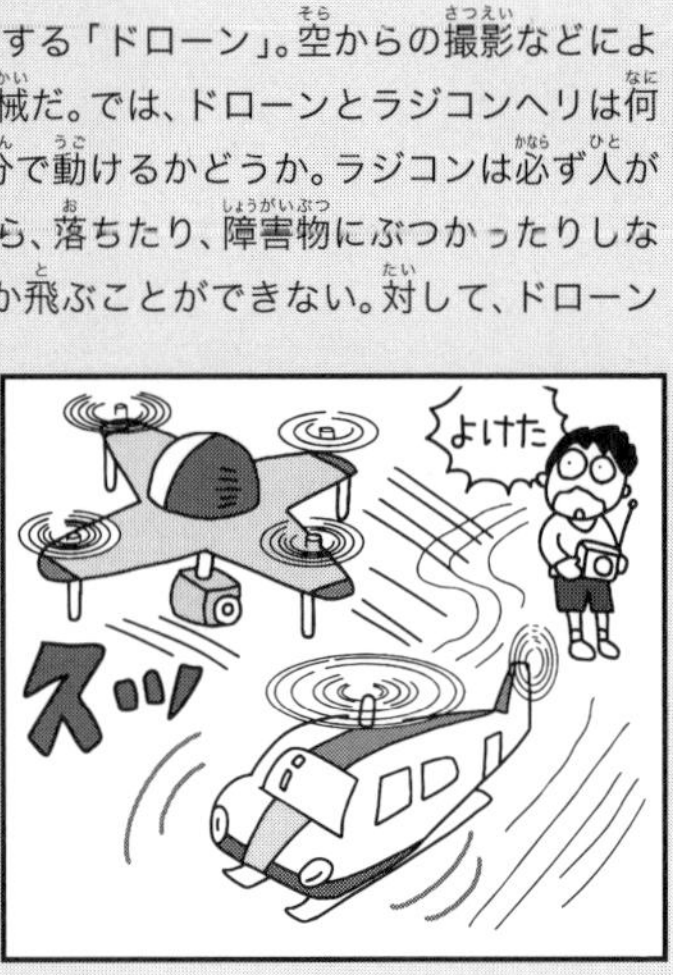

　ちなみに、ドローンとは（オスの）ハチという意味《いみ》。飛行《ひこう》するときにプロペラが風《かぜ》を切《き》る音《おと》が、ハチが飛《と》ぶ音《おと》に似《に》ているから、そう名《な》づけられたんだ。

ゲームの世界《せかい》にも、電気《でんき》によって革命《かくめい》が！

家庭用《かていよう》ゲーム機《き》が登場《とうじょう》したのは今《いま》から50年《ねん》近《ちか》くも前《まえ》のこと

ゲームは好《す》きかな？　ボードゲームやカードゲームなど、いろんな種類《しゅるい》があるけど、そんなゲームの世界《せかい》にも、電気《でんき》の利用《りよう》によって大《おお》きな革命《かくめい》が起《お》きたんだ。それがテレビゲームやビデオゲームの登場《とうじょう》だ。

ゲーム機《き》といえば、プレイステーション4《フォー》やXbox《エックスボックス》One《ワン》といった、テレビとつなげて遊《あそ》ぶ据《す》え置《お》き型《がた》ゲーム機《き》、PS《ピーエス》Vita《ヴィータ》やニンテンドー3DS《スリーディーエス》のような携帯《けいたい》ゲーム機《き》、Nintendo《ニンテンドー》Switch《スイッチ》のようにその両方《りょうほう》の機能《きのう》を備《そな》えたゲーム機《き》、さらにはコンピュータのネットゲームやスマートフォンのゲームアプリなど、さまざまなものがあるよね。

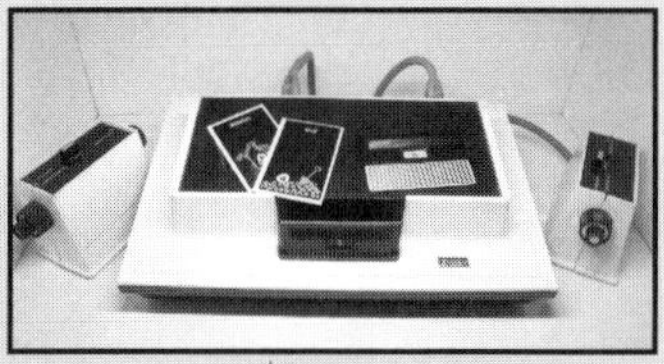
▲マグナボックス社《しゃ》の「オデッセイ」。

では、最初《さいしょ》に発売《はつばい》されたゲーム機《き》って、どんなものだったのだろう？　世界初《せかいはつ》の家庭用《かていよう》ゲーム機《き》が発売《はつばい》されたのは1972年《ねん》。アメリカのマグナボックス社《しゃ》が発売《はつばい》した「オデッセイ」という機械《きかい》だ。ゲーム機《き》1台《だい》にコントローラー2つがセットになっていて、大《おお》きなしくみは現在《げんざい》のテレビゲーム機《き》と変《か》わらない。スポーツや頭脳系《ずのうけい》、カジノなど、12種類《しゅるい》のゲームをプレイすることができたんだよ。ただ、このゲーム機《き》が日本《にほん》で発売《はつばい》されることはなかった。

日本初《にほんはつ》の家庭用《かていよう》ゲーム機《き》はテニスの対戦《たいせん》ゲーム

アメリカで世界初《せかいはつ》のテレビゲーム機《き》が発売《はつばい》されてから3年後《ねんご》の1975年《ねん》、日本《にほん》で初《はじ》めてのテレビゲーム機《き》「テレビテニス」が発売《はつばい》された。エポック社《しゃ》が、オデッセイを発売《はつばい》したマグナボックス社《しゃ》と協力《きょうりょく》して開発《かいはつ》したんだ。

これは、本体《ほんたい》とテレビをコードでつながない、現在《げんざい》でもめずらしいワイヤレス機《き》。本体《ほんたい》のアンテナから電波《でんぱ》を

発信《はっしん》して、テレビ側《がわ》の装置《そうち》でそれを受信《じゅしん》するというしくみなんだよ。

内容《ないよう》は、タイトルの通《とお》りテニスの対戦《たいせん》ゲーム。モノクロ画面《がめん》で左《さ》右《ゆう》に動《うご》くボールを、二《ふた》人《り》のプレイヤーがパッドを使《つか》ってお互《たが》いに打《う》ち合《あ》うんだ。スポーツゲームには勝敗《しょうはい》を決《き》めるためのスコアが必要《ひつよう》だけど、当時《とうじ》はまだスコアを機械《きかい》がつけてくれなかったので、プレイヤーが自《じ》分《ぶん》でスコアをカウントしていたんだ。

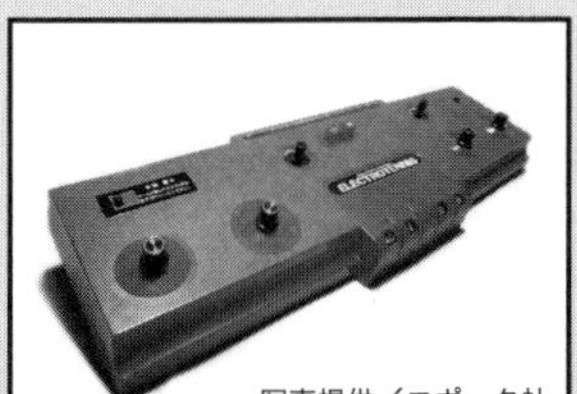
写真提供／エポック社

▲1975年《ねん》に発売《はつばい》された「テレビテニス」。

ゲームブームを巻《ま》き起《お》こした スペースインベーダー

日本《にほん》でゲーム機《き》が流行《りゅうこう》し始《はじ》めたころに大《だい》ヒットしたのは、1978年発売《ねんはつばい》の「スペースインベーダー」だ。これは家庭用《かていよう》ゲーム機《き》ではなく、ゲームセンターに置《お》かれているようなアーケードゲームとよばれるもの。日本《にほん》のアーケードゲームで最大《さいだい》のヒット作《さく》なんだよ。

スペースインベーダーは、敵《てき》の攻撃《こうげき》を避《さ》けながら敵《てき》を倒《たお》すシューティングゲーム。「ゲーム喫茶《きっさ》」という、ゲームの画面《がめん》とボタンがついているテーブルが置《お》かれた喫《きっ》茶店《さてん》が多《おお》くつくられ、たくさんの人《ひと》が熱中《ねっちゅう》したんだ。1プレイ100円《えん》だったけど、100円玉《えんだま》の製造《せいぞう》が追《お》いつかなくなるくらいの社会的《しゃかいてき》ブームを起《お》こしたんだよ。

当時《とうじ》は、ゲーム機《き》だけを置《お》いているゲームセンターというものはほとんどなく、アーケードゲームなどのゲーム機《き》はデパートの屋上《おくじょう》や遊園地《ゆうえんち》、ボウリング場《じょう》などに置《お》かれていたんだけど、このころからゲームセンターが増《ふ》えていったんだ。

▲大《だい》ブームになった「スペースインベーダー」。

家庭用《かていよう》ゲーム機《き》の金字塔《きんじとう》 ファミリーコンピュータ

日本初《にほんはつ》のテレビが発売《はつばい》されてから約《やく》30年《ねん》がたった1983年《ねん》、家庭用《かていよう》ゲーム機《き》にも名作《めいさく》が誕生《たんじょう》する。「ファミリーコンピュータ」、いわゆるファミコンだ。

ゲーム喫茶《きっさ》やゲームセンターで遊《あそ》ぶアーケードゲーム

はどちらかといえば大人《おとな》のゲームだったのに対《たい》し、家《いえ》で遊《あそ》べるファミコンは子《こ》どもたちにも人気《にんき》となり、大《だい》ヒット商品《しょうひん》になったんだ。

今《いま》のテレビは、入力切換《にゅうりょくきりかえ》でビデオやゲームの画面《がめん》に切《き》り換《か》えるのが普通《ふつう》だけど、当時《とうじ》はそんなシステムがなかった。ではどうやってテレビ画面《がめん》に映《うつ》すのかというと、テレビ放送《ほうそう》を受信《じゅしん》するアンテナ端子《たんし》とファミコンをコードでつなぎ、ファミコンからの信号《しんごう》をチャンネルの一《ひと》つにするという方法《ほうほう》だ。つまり、アンテナからの放送《ほうそう》を受《じゅ》信《しん》してないチャンネルに、ファミコンからの放送《ほうそう》を映《うつ》すというイメージだね。

任天堂《にんてんどう》はファミコンの前《まえ》にも、家庭用《かていよう》ゲームのブロック崩《くず》しや、携帯型《けいたいがた》ゲーム機《き》のゲーム＆ウオッチなどのヒット作《さく》を出《だ》し、ファミコンは1990年《ねん》発《はつ》売《ばい》のスーパーファミコンに進化《しんか》。今《いま》でも人《にん》気《き》のゲーム機《き》、ゲームソフトを販売《はんばい》している。長《なが》い間《あいだ》、高《たか》いレベルで研究《けんきゅう》・開発《かいはつ》を重《かさ》ね、日本《にほん》のゲーム界《かい》を引《ひ》っ張《ぱ》っているメーカーなんだ。

ファミコンは、海外《かいがい》でも「Nintendo《ニンテンドー》 Entertainment《エンタテインメント》 System《システム》」という名前《なまえ》で発売《はつばい》され、日本《にほん》だけでなく世界中《せかいじゅう》で大《だい》ヒット。今《いま》までに全世界《ぜんせかい》で6000万台以上《まんだいいじょう》が売《う》れている。ゲーム機《き》の開発《かいはつ》は、今《いま》でも日本《にほん》が世界《せかい》をリードしていて、世界《せかい》に誇《ほこ》る産業《さんぎょう》の一《ひと》つになっているんだ。

写真提供／任天堂株式会社

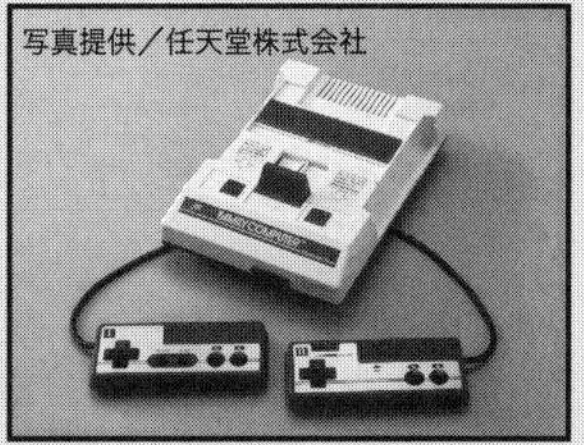

▲家庭用《かていよう》ゲームの歴史《れきし》を変《か》えた任天堂《にんてんどう》の「ファミリーコンピュータ」。

特別《とくべつ》コラム

ファミコンがリニューアル！

つい最近《さいきん》、ファミリーコンピュータをリニューアルしたゲーム機《き》が発売《はつばい》された。ファミコンが発売《はつばい》されてから33年《ねん》がたった2016年《ねん》のことだ。「ニンテンドークラシックミニ ファミリーコンピュータ」という名《な》前《まえ》で、当時《とうじ》のファミコンを約《やく》60%のサイズに小《ちい》さくしたもの。昔《むかし》のファミコンのカセットを差《さ》し込《こ》むことはできないけど、その代《か》わりにマリオブラザーズやドンキーコングなど、30本《ぽん》の人気《にんき》ソフトがあらかじめ入《はい》っている。テレビに接続《せつぞく》するだけで手軽《てがる》に遊《あそ》ぶことができ、当時《とうじ》のブラウン管《かん》テレビの画質《がしつ》でプレイすることもできるんだ。

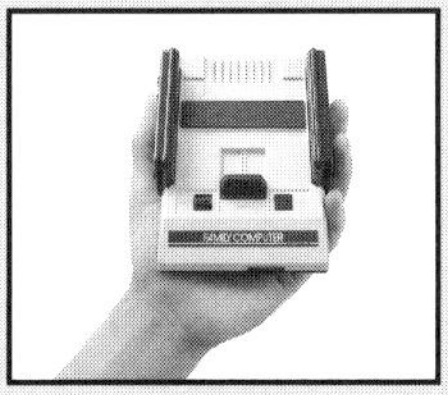

▲ニンテンドークラシックミニ ファミリーコンピュータ。

写真提供／任天堂株式会社

まるでひみつ道具《どうぐ》!? 次《じ》世《せ》代《だい》のおもちゃ

おもちゃもスマホで動《うご》かす時代《じだい》に！ スマートおもちゃが進化《しんか》

Part《パート》5で説明《せつめい》したように、さまざまな家電《かでん》がインターネットでスマートフォンとつながり、あらゆるものをスマートフォン一《ひと》つで操作《そうさ》できるようになっている。そんな流《なが》れはおもちゃの世界《せかい》にもやってきているんだ。

スマートフォンをリモコンのように使《つか》って自動車《じどうしゃ》や電《でん》車《しゃ》などのおもちゃを動《うご》かすものもあれば、スマートフォンと電池《でんち》がネットワークでつながっていて、その電池《でんち》を入《い》れたおもちゃをスマートフォンで操作《そうさ》できるというものもある。

▲ボール型《がた》のおもちゃをスマートフォンで操作《そうさ》して遊《あそ》べるものもある。

ボードゲームでも、スマートフォンの映《えい》像《ぞう》や音声《おんせい》、振動《しんどう》を加《くわ》えることによって、リアルな演出《えんしゅつ》を楽《たの》しむことができるものもあるんだ。

さらには、スマートフォンに映《うつ》る映像《えいぞう》が飛《と》び出《だ》してきたり、逆《ぎゃく》に現実《げんじつ》のものをスマートフォンの画面《がめん》の中《なか》に登《とう》場《じょう》させたりすることができるAR《エーアール》機能《きのう》と連動《れんどう》し、目《め》の前《まえ》にあるおもちゃをスマートフォンで操作《そうさ》して、そのおもちゃをスマートフォンの画面《がめん》の中《なか》に登場《とうじょう》させてゲームができるというものもあるんだよ。

自分《じぶん》でプログラミングをして世界《せかい》に一《ひと》つのおもちゃをつくれる

コンピュータにプログラムを組《く》み込《こ》むプログラミングをしたことはあるかな？ 最近《さいきん》は学校《がっこう》でも習《なら》うようになっているね。スマートフォンで操作《そうさ》することができるおもちゃとあわせて、自分《じぶん》でプログラミングをして遊《あそ》ぶことができるおもちゃも登場《とうじょう》しているんだ。

たとえば、車《くるま》や動物《どうぶつ》などが動《うご》くおもちゃを自分《じぶん》で組《く》み立《た》て、そのおもちゃにスマートフォンやパソコンなどか

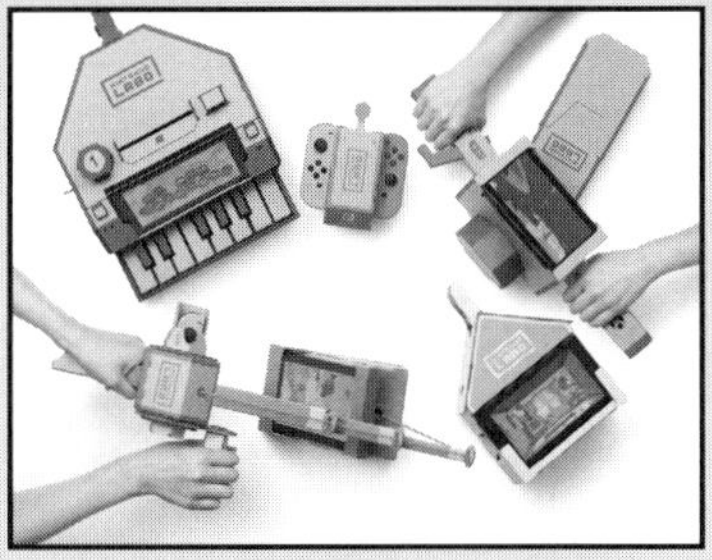

▲段《だん》ボールの工作《こうさく》とNintendo Switch《ニンテンドー スイッチ》を組《く》み合《あ》わせていろいろな遊《あそ》びがつくれる「Nintendo《ニンテンドー》 Labo《ラボ》」。 写真提供／任天堂株式会社

ら、どのように動《うご》くかなどをインプットするというもの。もちろん、完成《かんせい》した後《あと》の操作《そうさ》もスマートフォンでできるようになっているんだ。いちから自分《じぶん》の好《す》きなようにカスタマイズできるので、世界《せかい》に一《ひと》つだけのおもちゃができあがり、愛着《あいちゃく》もよりわくはず。本格《ほんかく》的《てき》に学《まな》ぶとむずかしいプログラミングに小《ちい》さいころからふれ、遊《あそ》びのなかで身《み》につけることができるね。

これからは一人《ひとり》一台《いちだい》!? ロボットが家族《かぞく》や友《とも》だちになる!?

コミュニケーションロボットとふれ合《あ》ったことはあるかな？ 人工知能《じんこうちのう》を搭載《とうさい》し、会話《かいわ》などができるロボットで、Ｐｅｐｐｅｒ（ペッパー）やＡＩＢＯ（アイボ）などが有名《ゆうめい》だね。

家庭用《かていよう》のＰｅｐｐｅｒ《ペッパー》は、家族《かぞく》一人《ひとり》ひとりの顔《かお》と名前《なまえ》を覚《おぼ》えて、あいさつや会話《かいわ》をしたり、さらには話《はな》しかけた人《ひと》の気《き》もちを読《よ》み取《と》って、そのときどきに応《おう》じて一緒《いっしょ》に喜《よろこ》んだり励《はげ》ましてくれたりといったこともできるんだ。

そして、それらと同《おな》じような性能《せいのう》をもった子《こ》ども向《む》けのロボットも発売《はつばい》されている。人型《ひとがた》をしていて人間《にんげん》のような動《うご》きをするのはもちろん、名前《なまえ》を呼《よ》んでくれたり、質問《しつもん》に答《こた》えてくれたり、ダンスをしてくれたりして、一《いっ》緒《しょ》に遊《あそ》ぶことができるんだよ。

会話《かいわ》や質問《しつもん》に答《こた》えるうちに新《あたら》しいことを覚《おぼ》えて学習《がくしゅう》をしていくので、遊《あそ》べば遊《あそ》ぶほどなかよくなるし、ロボットとコミュニケーションをとることによって、子《こ》どももロボットもお互《たが》いに成長《せいちょう》することができるようになっているんだよ。

このまま技術《ぎじゅつ》が進《すす》んでいけば、いつかドラえも

んのようなロボットがみんなの家《いえ》にやってきて、家族《かぞく》のように過《す》ごすことになる日《ひ》が来《く》るかもしれないね。

スポーツも電子化《でんしか》!?
加熱《かねつ》し続《つづ》けるe《イー》スポーツの人気《にんき》

ゲームがリアルになってきたことで、最近《さいきん》ではゲームがまるで実際《じっさい》のスポーツのように行《おこな》われるようになっている。それが「e《イー》スポーツ」と呼《よ》ばれる競技《きょうぎ》だ。「e《イー》」はエレクトロニック（ｅｌｅｃｔｒｏｎｉｃ）の略《りゃく》で、「電子《でんし》の」「電子工学《でんしこうがく》の」といった意味《いみ》がある。

主《おも》に格闘《かくとう》ゲームやシューティングゲーム、レーシングゲームなどで戦《たたか》い、大《おお》きな大会《たいかい》では何億円《なんおくえん》という賞金《しょうきん》がかけられ、動画配信《どうがはいしん》も含《ふく》めて多《おお》くの観客《かんきゃく》が注目《ちゅうもく》する。おとなりの韓国《かんこく》など、野球《やきゅう》やサッカーなどの人気《にんき》スポーツ並《な》みの盛《も》り上《あ》がりを見《み》せている国《くに》もあり、２０２０年《ねん》には全世界《ぜんせかい》でe《イー》スポーツを楽《たの》しむ人《ひと》が５億人《おくにん》を超《こ》えるともいわれているんだ。

日本《にほん》でも、３つあったe《イー》スポーツ団体《だんたい》が一《ひと》つになり、国内《こくない》のe《イー》スポーツの普及《ふきゅう》などを目的《もくてき》とした「日本《にほん》e《イー》スポーツ連合《れんごう》」という大《おお》きな団体《だんたい》が２０１８年《ねん》に設立《せつりつ》されたんだよ。e《イー》スポーツはこれからさらに盛《も》り上《あ》がっていきそうだね。

特別《とくべつ》コラム

将棋《しょうぎ》の天才《てんさい》を育《そだ》てたのもゲーム!?

2016年《ねん》に、将棋《しょうぎ》の藤井聡太四段《ふじいそうたよだん》（2018年《ねん》２月《がつ》に、六段《ろくだん》へ昇段《しょうだん》）が14歳《さい》で史上最年少《しじょうさいねんしょう》のプロ棋士《きし》になり、多《おお》くのプロ棋士《きし》を破《やぶ》って最多連勝記録《さいたれんしょうきろく》を樹立《じゅりつ》したことが大《おお》きな話題《わだい》となった。そんな彼《かれ》が将棋《しょうぎ》で強《つよ》くなるための研究《けんきゅう》に活用《かつよう》しているのが、将棋《しょうぎ》のコンピュータゲームなんだ。最近《さいきん》はコンピュータの中《なか》に入《はい》っている人工知能《じんこうちのう》の性能《せいのう》が年々上《ねんねんあ》がっていて、プロ棋士《きし》と直接対戦《ちょくせつたいせん》して勝《か》つくらいまで強《つよ》くなっている。プロ棋士《きし》とコンピュータの将棋《しょうぎ》ソフトとの対局《たいきょく》も盛《さか》んに行《おこな》われているんだよ。

写真提供／共同通信社

テレビ局《きょく》をはじめたよ（ドラミちゃん）

電《でん》気《き》クイズQ&A《キューアンドエー》

Q 関東《かんとう》で地上《ちじょう》デジタルテレビ放送《ほうそう》の電波《でんぱ》を送信《そうしん》しているのは？

①東京《とうきょう》タワー　②東京《とうきょう》スカイツリー　③虎《とら》ノ門《もん》ヒルズ

A ②東京《とうきょう》スカイツリー　2013年《ねん》5月《がつ》31日《にち》午前《ごぜん》9時《じ》に、東京《とうきょう》タワーから完全移行《かんぜんいこう》したよ。

電気《でんき》クイズQ&A《キューアンドエー》

Q 東京《とうきょう》タワーの高《たか》さは333m。東京《とうきょう》スカイツリーの高《たか》さは?

①534m ②634m ③734m

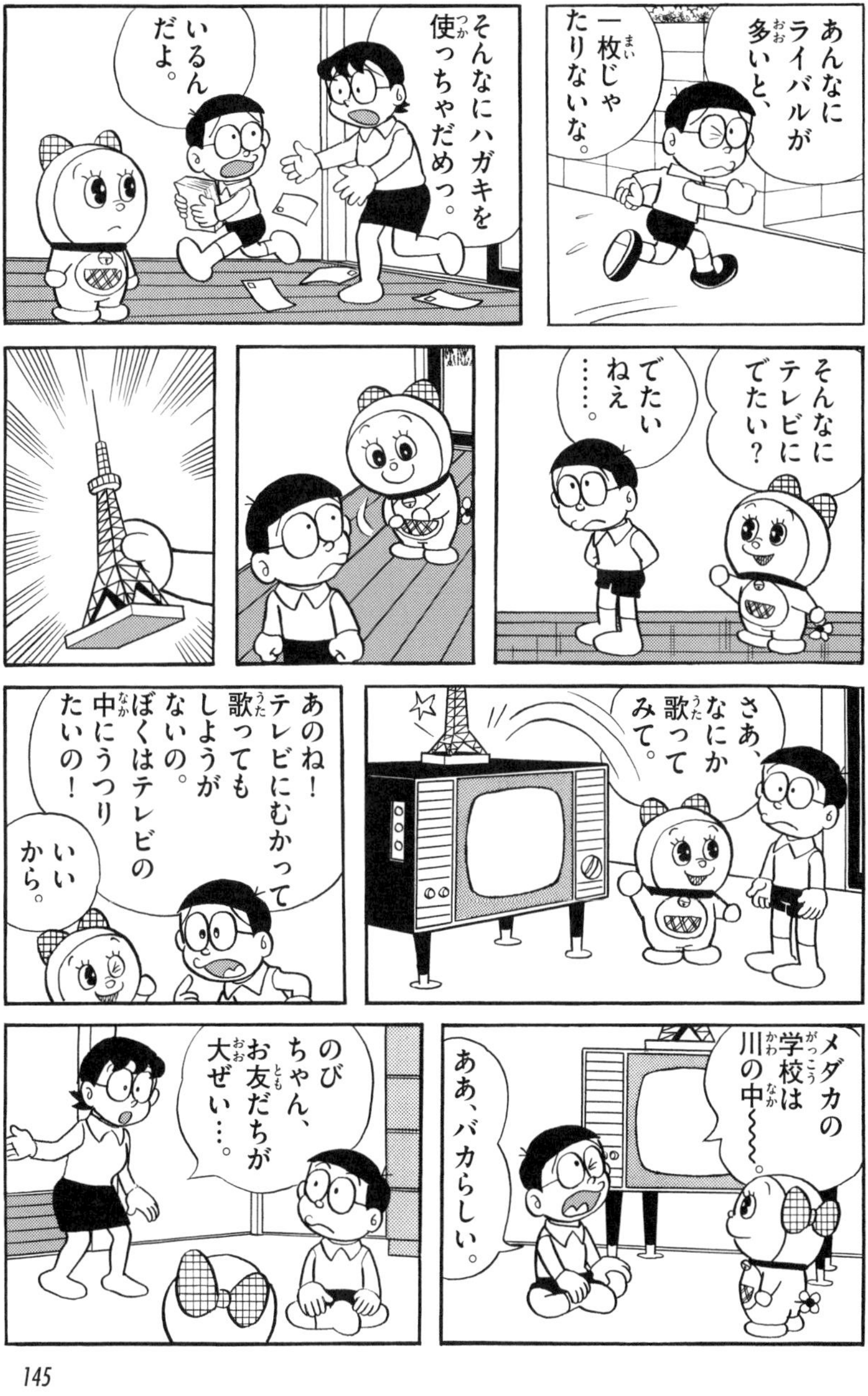

A ②634m　東京都周辺地域《とうきょうとしゅうへんちいき》のかつての地名《ちめい》である武蔵国《むさしのくに》に由来《ゆらい》している（634《むさし》）。自立《じりつ》する電波塔《でんぱとう》としては世界一高《せかいいちたか》い。

電気《でんき》クイズQ&A《キューアンドエー》

Q 日本《にほん》で初《はじ》めてテレビが放送《ほうそう》されたのはいつ？

① 1953年《ねん》 ② 1963年《ねん》 ③ 1973年《ねん》

A ①1953年《ねん》 この年《とし》の2月1日《がつついたち》にテレビ放送《ほうそう》を開始《かいし》。2月1日《がつついたち》は「テレビ放送記念日《ほうそうきねんび》」になっている。

電気《でんき》クイズQ&A《キューアンドエー》

Q 日本《にほん》で電波《でんぱ》や通信《つうしん》を統括《とうかつ》している省庁《しょうちょう》はどれ?

①法務省《ほうむしょう》 ②総務省《そうむしょう》 ③外務省《がいむしょう》

A ②総務省《そうむしょう》 電波《でんぱ》の利用《りよう》に関《かん》する法律《ほうりつ》としては、電波三法《でんぱさんぽう》（電波法《でんぱほう》・放送法《ほうそうほう》・電波監理委員会設置法《でんぱかんりいいんかいせっちほう》）がある。

電気《でんき》クイズQ&A《キューアンドエー》

Q 電波《でんぱ》の世界《せかい》で「ハム」といったら、何《なん》の資格《しかく》をもった人《ひと》のこと？

①航空無線《こうくうむせん》 ②海上無線《かいじょうむせん》 ③アマチュア無線《むせん》

A ③アマチュア無線《むせん》　趣味《しゅみ》としての無線通信《むせんつうしん》ができる資格《しかく》をもった人《ひと》のこと。

電気《でんき》クイズQ&A《キューアンドエー》

Q 時間《じかん》のズレを自動《じどう》で修正《しゅうせい》する機能《きのう》をもつ時計《とけい》を何《なん》という？

①電気《でんき》時計《どけい》

②電子《でんし》時計《どけい》

③電波《でんぱ》時計《どけい》

A ③電波時計《でんぱどけい》　内蔵《ないぞう》されたアンテナで標準電波《ひょうじゅんでんぱ》を受信《じゅしん》し、常《つね》に正確《せいかく》な時間《じかん》を刻《きざ》んでくれるよ。

電気《でんき》クイズQ&A《キューアンドエー》

Q 電話《でんわ》を発明《はつめい》したのは誰《だれ》？ ①エジソン ②ノーベル ③ベル

A ③ベル　アメリカの発明家《はつめいか》・ベルが1876年《ねん》に、電線《でんせん》を通《とお》して人《ひと》の声《こえ》を直接《ちょくせつ》送《おく》ることに成功《せいこう》した。

ヤジウマアンテナ

すごかったよ。風《かぜ》にあおられて火《ひ》の粉《こ》が空一面《そらいちめん》にとびちって……。
ぐうぜん通《とお》りかかって、写真《しゃしん》をとったんだ。
すごいわねえ。
ぼくもみたかったなあ。
おれがしんせきへ遊《あそ》びにいった時《とき》、うらの花火工場《はなびこうじょう》が爆発《ばくはつ》してよ。
なにしろ、目《め》の前《まえ》で屋根《やね》がボンボンふっとんで……。
ダンプとタンクローリーの正面《しょうめん》しょうとつをみたの。こないだタクシーが……。

電気《でんき》クイズQ&A《キューアンドエー》

Q iPhone《アイフォーン》を開発《かいはつ》したのは?

①アップル ②ピーチ ③レモン

A ①アップル　パソコンのMac《マック》や、タブレット型端末《がたたんまつ》のiPad《アイパッド》なども、アップルという会社《かいしゃ》が開発《かいはつ》した商品《しょうひん》だよ。

電気《でんき》クイズQ&A《キューアンドエー》

Q 電気代《でんきだい》は何《なに》に比例《ひれい》する？

①消費電流量《しょうひでんりゅうりょう》

②消費電圧量《しょうひでんあつりょう》

③消費電力量《しょうひでんりょくりょう》

A ③消費電力量《しょうひでんりょくりょう》　消費電力量《しょうひでんりょくりょう》（kWh）は、「消費電力《しょうひでんりょく》（kW）×時間《じかん》（h）」のかけ算《ざん》で求《もと》めることができるよ。

電気《でんき》クイズQ&A《キューアンドエー》

Q 電気代《でんきだい》やガス代《だい》などをまとめて何《なん》という?

①交通費《こうつうひ》
②光熱費《こうねつひ》
③交際費《こうさいひ》

A ②光熱費《こうねつひ》　生活《せいかつ》に必要《ひつよう》なエネルギーにかかる費用《ひよう》のこと。水道代《すいどうだい》とあわせて「水道光熱費《すいどうこうねつひ》」ということもある。

電気《でんき》クイズQ&A《キューアンドエー》

Q 日本初《にほんはつ》の地下鉄《ちかてつ》は現在《げんざい》の何線《なにせん》？

①大江戸線《おおえどせん》

②丸ノ内線《まるのうちせん》

③銀座線《ぎんざせん》

A
③銀座線《ぎんざせん》　1927年《ねん》に上野《うえの》―浅草《あさくさ》間《かん》で開通《かいつう》。今《いま》は銀座線《ぎんざせん》の名称《めいしょう》で浅草《あさくさ》―渋谷《しぶや》間《かん》を結《むす》んでいる。

空気中《くうきちゅう》を伝《つた》わる「電波《でんぱ》」ってどんなもの？

なにかがおこる前《まえ》に、あらかじめその場所《ばしょ》を教《おし》えてくれるんだ。

電波《でんぱ》とは、空気中《くうきちゅう》を伝《つた》わる電気《でんき》エネルギーの波《なみ》

今《いま》は携帯電話《けいたいでんわ》やスマートフォンがあるおかげで、離《はな》れた場所《ばしょ》にいる相手《あいて》と、いつでも会話《かいわ》ができる。では、なぜ遠《とお》く離《はな》れた相手《あいて》と、まるで目《め》の前《まえ》にいるように会話《かいわ》をすることができるのだろう？　みんなは携帯電話《けいたいでんわ》があるのが普通《ふつう》になっていて疑問《ぎもん》に思《おも》ったことがないかもしれないけど、これはとてもすごいことなんだよ。

実《じつ》は、携帯《けいたい》電話《でんわ》で会話《かいわ》ができるのも、電気《でんき》のおかげなんだ。携帯電話《けいたいでんわ》では、声《こえ》を伝《つた》えるために「電波《でんぱ》」というものを利用《りよう》している。電波《でんぱ》とは、文字通《もじどお》り電気《でんき》の波《なみ》。空気《くうき》の中《なか》を伝《つた》わる電気《でんき》エネルギーの波《なみ》のことだ。

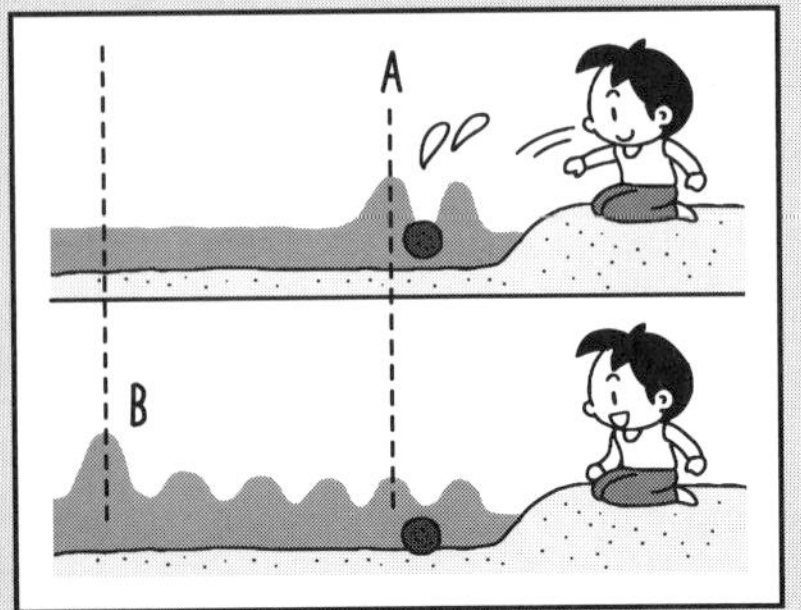
A
B
▲石《いし》を投《な》げてできた波《なみ》（A）は、時間《じかん》がたつとBのところまで移動《いどう》する。電気《でんき》の伝《つた》わり方《かた》もこれと同《おな》じだ。

波《なみ》といわれて海《うみ》を思《おも》い浮《う》かべた人《ひと》も多《おお》いと思《おも》うけど、まさにそれだ。水《みず》の中《なか》に物《もの》を落《お》とすと波《は》もんができて、落《お》とした位置《いち》から波《なみ》がまわりに広《ひろ》がっていくよね？　それと同《おな》じように、電気《でんき》エネルギーも波打《なみう》ちながら空気《くうき》の中《なか》を進《すす》んでいくんだよ。

電波《でんぱ》は音《おと》よりも断然速《だんぜんはや》く光《ひかり》と同《おな》じスピードで伝《つた》わる

携帯電話《けいたいでんわ》の声《こえ》というのは、音《おと》を電波《でんぱ》に変《か》えて送《おく》り、再《ふたた》び声《こえ》に戻《もど》している。つまり、君《きみ》が友《とも》だちと電話《でんわ》をして話《はな》したときに、君《きみ》の声《こえ》はいったん電気《でんき》に変《か》わって友《とも》だちのところまで行《い》き、再《ふたた》び声《こえ》の形《かたち》に戻《もど》って相手《あいて》の耳《みみ》に届《とど》くんだ。君《きみ》が受話器《じゅわき》から聞《き》いている友《とも》だちの声《こえ》も当然《とうぜん》、同《おな》じしくみだね。

電波《でんぱ》はとても速《はや》い。どれくらい速《はや》いかというと、地球《ちきゅう》上《じょう》で最《もっと》も速《はや》い光《ひかり》と同《おな》じで、秒速約《びょうそくやく》30万《まん》km。1秒間《びょうかん》に地球《ちきゅう》のまわりを7周半《しゅうはん》もできるんだ。

対《たい》して、音《おと》の速《はや》さはだいたい秒速《びょうそく》３４０ｍ。時速《じそく》にすると１２００km以上《いじょう》で、新幹線《しんかんせん》の４倍以上《ばいいじょう》だからとても速《はや》いんだけど、光《ひかり》に比《くら》べるとだいぶ遅《おそ》い。だから、たとえば東京《とうきょう》と大阪《おおさか》とで話《はなし》をした場合《ばあい》、声《こえ》を音《おと》の状態《じょうたい》のままで送《おく》ろうとすると、東京《とうきょう》の人《ひと》の声《こえ》が大阪《おおさか》に届《とど》くまで20分《ぷん》くらいかかる。大阪《おおさか》の人《ひと》の声《こえ》が東京《とうきょう》に届《とど》くのも同《おな》じく20分《ぷん》後《ご》。これでは会話《かいわ》にならないよね。でも電波《でんぱ》なら一瞬《いっしゅん》だ。東京《とうきょう》からアメリカのニューヨークまでだって０・１秒《びょう》もかからずに届《とど》くんだよ。

そんな便利《べんり》な携帯電話《けいたいでんわ》は、やがて私《わたし》たちのくらしになくてはならないものになった。研究《けんきゅう》が進《すす》められて性能《せいのう》も上《あ》がっていき、スマートフォンへと進化《しんか》。今《いま》や、一人《ひとり》が一台《いちだい》持《も》っているのが当《あ》たり前《まえ》になっている。これも、電波《でんぱ》がもつすぐれた特性《とくせい》のおかげなんだ。

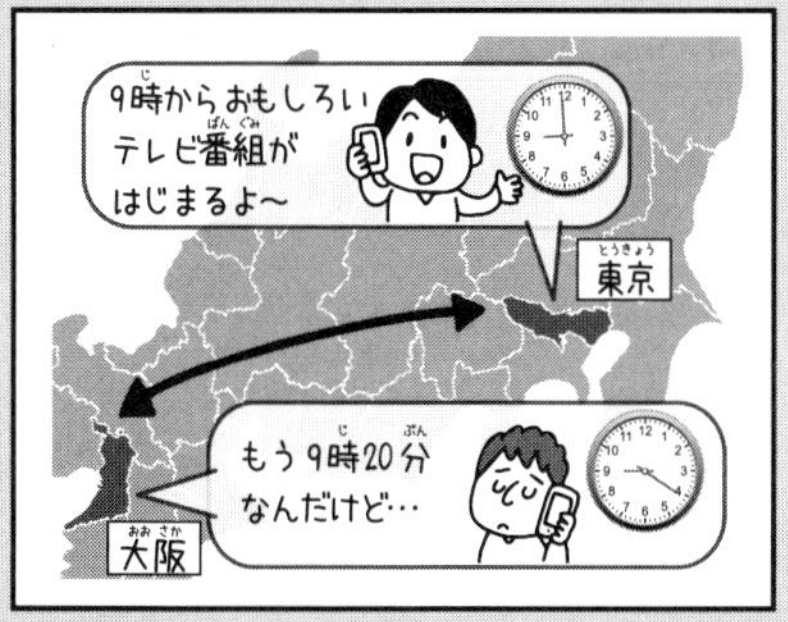

▲声《こえ》を電波《でんぱ》に変《か》えず、音《おと》のまま伝《つた》えようとすると、20分《ぷん》もの"時差《じさ》"ができてしまう。

電波《でんぱ》は周波数《しゅうはすう》によって使《つか》い道《みち》が変《か》わる

電波《でんぱ》は、私《わたし》たちの身近《みぢか》でさまざまに活用《かつよう》されている。テレビやラジオの放送《ほうそう》も電波《でんぱ》によるものだし、メールをしたり、インターネットでいろんなことを検索《けんさく》したりできるのも電波《でんぱ》のおかげなんだ。

Ｐａｒｔ《パート》３の発電《はつでん》の説明《せつめい》でもふれたように、電波《でんぱ》で１秒間《びょうかん》にくり返《かえ》される波《なみ》の数《かず》を「周波数《しゅうはすう》」といい、ヘルツ（Ｈｚ《ヘルツ》）という単位《たんい》であらわす。1秒間《びょうかん》に波《なみ》が3回《かい》くり返《かえ》せば3Ｈｚ《ヘルツ》、10回《かい》くり返《かえ》せば10Ｈｚ《ヘルツ》になるんだ。

そして、電波《でんぱ》というのは、赤外線《せきがいせん》や紫外線《しがいせん》、エックス線《せん》などと同《おな》じ電磁波《でんじは》の一種《いっしゅ》。電磁波《でんじは》は周波数《しゅうはすう》によって異《こと》なる性質《せいしつ》をもち、波《なみ》の曲《ま》がり方《かた》や届《とど》く距離《きょり》が変《か》わってくる。その性質《せいしつ》の違《ちが》いや特徴《とくちょう》に応《おう》じて、使《つか》い道《みち》が変《か》わってくるんだ。電磁波《でんじは》の中《なか》でも、周波数《しゅうはすう》が３０００ＧＨｚ《ギガヘルツ》以下《いか》のものを電波《でんぱ》というんだよ。

周《しゅう》波《は》数《すう》によって変《か》わる使《つか》い道《みち》は、下《した》の表《ひょう》に示《しめ》した通《とお》り。たとえば、携帯電話《けいたいでんわ》は、700MHz《メガヘルツ》〜3・5GHz《ギガヘルツ》の周《しゅう》波数《はすう》を利用《りよう》しているんだ。110ページで電子《でんし》レンジやオーブンは電磁波《でんじは》を利用《りよう》していると説明《せつめい》したけど、電話《でんわ》で友《とも》だちと話《はなし》ができるのも、電子《でんし》レンジで食《た》べ物《もの》を温《あたた》められるのも、IC《アイシー》カードをタッチするだけで駅《えき》の改札《かいさつ》を通《とお》れるのも、実《じつ》は同《おな》じしくみを利用《りよう》しているんだよ。

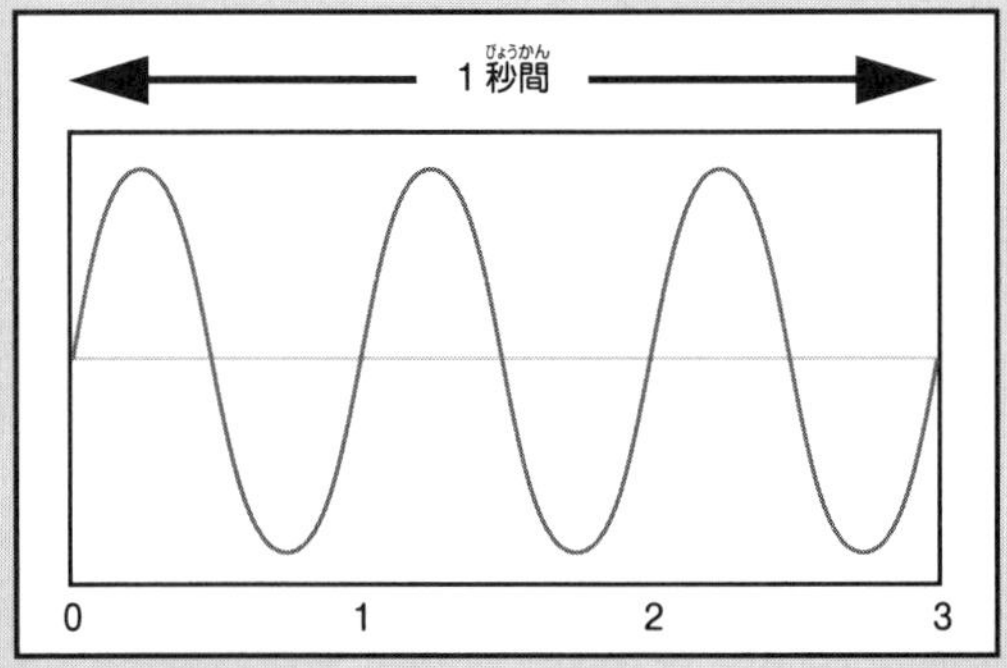

▲1秒間《びょうかん》に波《なみ》が何回《なんかい》くり返《かえ》すかを「周波数《しゅうはすう》」というよ。図《ず》の周波数《しゅうはすう》は3Hz《ヘルツ》だ。

電磁波《でんじは》のいろいろな種類《しゅるい》

電磁波《でんじは》の名称《めいしょう》	周波数《しゅうはすう》	波長《はちょう》	特徴《とくちょう》	利用用途《りようようと》
	300GHz	1mm		
EHF ミリ波《は》			多《おお》い／特定《とくてい》の方向《ほうこう》に向《む》けて使《つか》う／強《つよ》い	衛星通信《えいせいつうしん》、電波望遠鏡《でんぱぼうえんきょう》、レーダー
	30GHz	1cm		
SHF センチ波《は》				衛星放送《えいせいほうそう》、無線《むせん》LAN、気象《きしょう》レーダー、ETC
	3GHz	10cm		
UHF 極超短波《ごくちょうたんぱ》				携帯電話《けいたいでんわ》、スマートフォン、テレビ、GPS、無線《むせん》LAN、Bluetooth、電子《でんし》レンジ、防災無線《ぼうさいむせん》、列車無線《れっしゃむせん》、タクシー無線《むせん》
	300MHz	1m		
VHF 超短波《ちょうたんぱ》			伝《つた》えられる情報量《じょうほうりょう》／遠《とお》くへの伝《つた》わりやすさ	FM放送《ほうそう》、交通《こうつう》ICカード、電子《でんし》マネー、警察無線《けいさつむせん》、消防無線《しょうぼうむせん》、航空管制通信《こうくうかんせいつうしん》
	30MHz	10m		
HF 短波《たんぱ》				短波《たんぱ》ラジオ、航空機通信《こうくうきつうしん》、船舶通信《せんぱくつうしん》、ラジコン、トランシーバー
	3MHz	100m		
MF 中波《ちゅうは》				AMラジオ、船舶無線《せんぱくむせん》
	300KHz	1km		
LF 長波《ちょうは》				標準電波《ひょうじゅんでんぱ》（電波時計《でんぱどけい》）
	30KHz	10km		
VLF 超長波《ちょうちょうは》				潜水艦通信《せんすいかんつうしん》
	3KHz	100km		
ELF 極超長波《ごくちょうちょうは》*			少《すく》ない／幅広《はばひろ》い方向《ほうこう》に向《む》けて使《つか》う／弱《よわ》い	潜水艦通信《せんすいかんつうしん》、高圧送電線《こうあつそうでんせん》　＊超低周波《ちょうていしゅうは》ともいう。
	3Hz	100000km		

※Hz（ヘルツ）の1000倍《ばい》がKHz（キロヘルツ）、KHzの1000倍《ばい》がMHz（メガヘルツ）、MHzの1000倍《ばい》がGHz（ギガヘルツ）

電波《でんぱ》はどのように利用《りよう》されてきた？

昔《むかし》の通信手段《つうしんしゅだん》は人力《じんりき》
無線通信《むせんつうしん》が人類《じんるい》の歴史《れきし》を変《か》えた

今《いま》や、当《あ》たり前《まえ》のように使《つか》われている電波《でんぱ》だけど、人類《じんるい》が利用《りよう》し始《はじ》めたのはいつごろからなのだろう？ それを知《し》る前《まえ》に、まずは昔《むかし》の人《ひと》はどうしていたのかを考《かんが》えてみよう。

遠《とお》く離《はな》れた人《ひと》と情報《じょうほう》のやりとりをすることを通信《つうしん》というけど、電波《でんぱ》を知《し》らなかったころだって、通信《つうしん》が必要《ひつよう》になることはもちろんあった。だから、はるか昔《むかし》は太鼓《たいこ》などで大《おお》きな音《おと》を出《だ》すことや、火《ひ》をたいてけむりを上《あ》げる「のろし」などの方法《ほうほう》で情報《じょうほう》を伝《つた》えていたんだ。やがて文字《もじ》がうまれると、手紙《てがみ》などを書《か》いてそれを人《ひと》や馬《うま》などの動物《どうぶつ》などが遠《とお》くに届《とど》けたよ。

実《じつ》は、電気《でんき》による通信《つうしん》が行《おこな》われるようになってから、まだ100年《ねん》ちょっとしかたっていない。日本《にほん》でいえば明治時代《めいじじだい》からだ。江戸時代以前《えどじだいいぜん》は、遠《とお》くへ行《い》くにも歩《ある》いて移動《いどう》したように、通信《つうしん》をするのにも人《ひと》の足《あし》で運《はこ》んでいたんだよ。

モールス信号《しんごう》で
世界初《せかいはつ》の長距離通信《ちょうきょりつうしん》に成功《せいこう》

電気《でんき》による通信《つうしん》の歴史《れきし》は、1837年《ねん》にアメリカのモールスという発明家《はつめいか》が、スイッチのオンとオフで信号《しんごう》を伝《つた》える電信機《でんしんき》を発明《はつめい》したことが原点《げんてん》といえる。彼《かれ》は、今《いま》でも通信《つうしん》に使《つか》われる「モールス符号《ふごう》」にその名《な》を残《のこ》している。符号《ふごう》とは、情報《じょうほう》を伝《つた》えるための記号《きごう》のことで、モールス符号《ふごう》は、長《なが》い符号《ふごう》と短《みじか》い符号《ふごう》との組《く》み合《あ》わせでいろいろな文字《もじ》を表《あらわ》せるようにしたもの。このモールス符号《ふごう》を使《つか》った信号《しんごう》のことを、モールス信号《しんごう》というんだ。

モールスは1844年《ねん》に、ワシントン―ボルチモア間《かん》の約《やく》64kmでモールス符《ふ》号《ごう》による通信《つうしん》を成功《せいこう》させた。これが世界初《せかいはつ》の長距《ちょうきょ》離《り》通信《つうしん》だったんだよ。

▲モールスが生《う》み出《だ》した「モールス符号《ふごう》」は今《いま》も通信《つうしん》に使《つか》われているよ。

「電話《でんわ》の父《ちち》」ベルが音《おと》を電気《でんき》に変《か》えて送《おく》ることに成功《せいこう》

さらに1876年《ねん》には、アメリカのベルという発明家《はつめいか》が電話《でんわ》をつくった。彼《かれ》は、電線《でんせん》の両端《りょうたん》につけたばねが電《でん》気《き》を流《なが》すとうなって音《おと》を出《だ》すことに気《き》づき、ファラデーの電磁誘導《でんじゆうどう》の法則《ほうそく》（37ページ参照《さんしょう》）を応用《おうよう》して、電磁石《でんじしゃく》によって声《こえ》を送受信《そうじゅしん》する方法《ほうほう》を発明《はつめい》したんだ。

しくみは今《いま》の電話《でんわ》とほぼ同《おな》じで、人《ひと》が話《はな》した声《こえ》を電磁《でんじ》石《しゃく》で電流《でんりゅう》に変《か》えて送《おく》り、受《う》け取《と》った相手《あいて》のところで再《ふたた》び声《こえ》に戻《もど》すというもの。世界初《せかいはつ》となる電話《でんわ》でのやりとりは、ベルが別《べつ》の部屋《へや》にいた助手《じょしゅ》のワトソンに対《たい》して「ワトソン君《くん》、用事《ようじ》があるからちょっと来《き》てくれたまえ」と言《い》ったそうだよ。

それでも当時《とうじ》は、電流《でんりゅう》が弱《よわ》すぎるせいで雑音《ざつおん》が入《はい》ってしまい、かなり聞《き》き取《と》りにくかったみたいだ。その後《ご》、改《かい》良《りょう》を加《くわ》えたのが、またしてもエジソン。部品《ぶひん》を工夫《くふう》することで音《おと》を聞《き》き取《と》りやすくし、使《つか》う電力《でんりょく》も少《すく》なくすることに成功《せいこう》した。そうして、現代《げんだい》の電話《でんわ》に近《ちか》づいていったんだ。

彼《かれ》らの偉大《いだい》な発明《はつめい》がのちに大《おお》きな影響《えいきょう》を与《あた》え、ここから電話《でんわ》による通信《つうしん》が発展《はってん》していったんだよ。

1906年《ねん》に世界初《せかいはつ》のラジオ放送《ほうそう》 さまざまな偉人《いじん》が無線通信《むせんつうしん》を発展《はってん》させた

1888年《ねん》には、ドイツの物理学者《ぶつりがくしゃ》・ヘルツが、電波《でんぱ》の存在《そんざい》を確認《かくにん》する実験《じっけん》に成功《せいこう》した。これは無線通信《むせんつうしん》の基《き》礎《そ》ともいえ、彼《かれ》の功績《こうせき》をたたえて周波数《しゅうはすう》の単位《たんい》はヘルツになったんだ。

ヘルツの実験《じっけん》を受《う》けて1895年《ねん》、イタリアのマルコーニという発明家《はつめいか》が、モールス信号《しんごう》による世界初《せかいはつ》の無線《むせん》通信実験《つうしんじっけん》を成功《せいこう》させた。やがてマルコーニ無線電信会社《むせんでんしんがいしゃ》を設立《せつりつ》するなど、彼《かれ》はその後《ご》も無線通信《むせんつうしん》の発展《はってん》に大《おお》きく貢献《こうけん》。それらの功績《こうせき》がたたえられ、1909年《ねん》にはノーベル物理学賞《ぶつりがくしょう》を受賞《じゅしょう》したんだ。

▲1906年《ねん》のクリスマスイブに、フェッセンデン自身《じしん》が歌《うた》った歌《うた》を流《なが》したのが世界初《せかいはつ》のラジオ放送《ほうそう》だったんだ。

そして1900年《ねん》に、カナダのフェッセンデンという発明家《はつめいか》が無線通信装置《むせんつうしんそうち》と電話機《でんわき》を組《く》み合《あ》わせ、無線《むせん》で音声《おんせい》を伝《つた》える実験《じっけん》に成功《せいこう》。その6年後《ねんご》には、世界初《せかいはつ》のラジオ放送《ほうそう》を行《おこな》ったんだ。この技術《ぎじゅつ》が発展《はってん》し、ラジオやテレビなどの無線通信《むせんつうしん》につながっていったんだよ。

江戸時代《えどじだい》の開国《かいこく》と同時《どうじ》に電信《でんしん》の歴史《れきし》も幕《まく》を開《あ》けた

モールスが世界初《せかいはつ》の長距離通信《ちょうきょりつうしん》に成功《せいこう》したころ、日本《にほん》は江戸時代《えどじだい》。鎖国《さこく》をしていたため、海外《かいがい》の技術《ぎじゅつ》が入《はい》ってくることはなかった。しかし1853年《ねん》、ペリーが4隻《せき》の黒船《くろふね》で日本《にほん》にやってきたことで歴史《れきし》が動《うご》いたんだ。

日本《にほん》で初《はじ》めて電気《でんき》による通信《つうしん》が成功《せいこう》したのは1854年《ねん》。日本《にほん》とアメリカが日米和親条約《にちべいわしんじょうやく》を結《むす》び、江戸幕府《えどばくふ》の鎖国政策《さこくせいさく》が終《お》わりを告《つ》げた年《とし》だね。ペリーが2度目《どめ》の来日《らいにち》をしたとき、アメリカのフィルモア大統領《だいとうりょう》から幕府《ばくふ》に贈《おく》られたものの中《なか》に、エンボッシング・モールス電信機《でんしんき》があったんだ。

この電信機《でんしんき》は、送《おく》る側《がわ》がモールス符号《ふごう》を打《う》つと、受《う》ける側《がわ》の紙《かみ》テープに凸凹《でこぼこ》で記録《きろく》されるというしくみ。モールスが最初《さいしょ》に発明《はつめい》した電信機《でんしんき》を改良《かいりょう》したもので、以前《いぜん》は受《う》けた信号《しんごう》を人《ひと》の手《て》で記録《きろく》していたが、自動《じどう》で行《おこな》えるようになっていた。

日本《にほん》で最初《さいしょ》の公開実験《こうかいじっけん》は横浜《よこはま》で行《おこな》われ、電線《でんせん》を通《とお》して「YEDO（江戸《えど》）」と「YOKOHAMA（横浜《よこはま》）」という文字《もじ》が送《おく》られたんだよ。

写真提供／郵政博物館

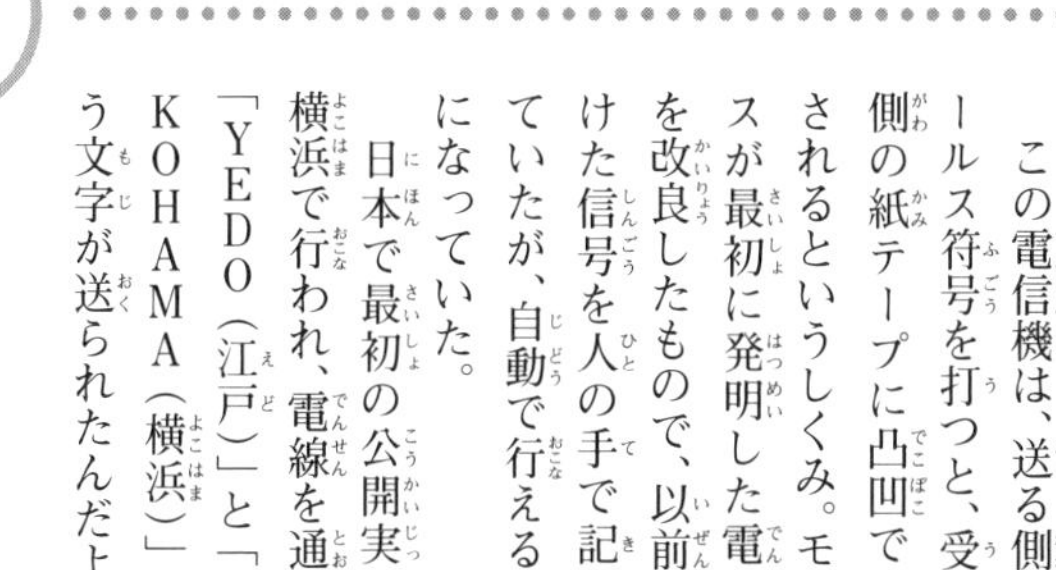

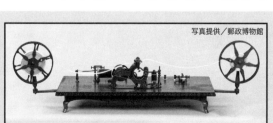

▲日本《にほん》にある最古《さいこ》の電信機《でんしんき》「エンボッシング・モールス電信機《でんしんき》」。

明治維新《めいじいしん》とともに日本《にほん》の電信《でんしん》も大《おお》きく発展《はってん》

日本《にほん》で初《はつ》の実験《じっけん》が行《おこな》われた後《あと》も、日本《にほん》の電信事情《でんしんじじょう》にしばらく動《うご》きはなかったけれど、1868年《ねん》の明治維新後《めいじいしんご》、欧米《おうべい》の文化《ぶんか》を積極的《せっきょくてき》に取《と》り入《い》れるようになると、電信《でんしん》の技術《ぎじゅつ》も大《おお》きく前進《ぜんしん》した。1890年《ねん》に東京《とうきょう》ー横浜間《よこはまかん》で電話《でんわ》サービスが開始《かいし》され、1899年《ねん》には東京《とうきょう》と大阪《おおさか》を結《むす》ぶ長距離電話《ちょうきょりでんわ》が開通《かいつう》したんだ。

そして、フェッセンデンが世界初《せかいはつ》のラジオ放送《ほうそう》を行《おこな》ってから19年後《ねんご》、大正時代《たいしょうじだい》となった1925年《ねん》3月《がつ》22日《にち》、ついに日本《にほん》でも初《はじ》めてのラジオ放送《ほうそう》が行《おこな》われた。まだラジオという名前《なまえ》はなく「無線電話《むせんでんわ》」と呼《よ》ばれていて、レコードの曲《きょく》やニュース、天気予報《てんきよほう》などを流《なが》していたんだ。

▲日本初《にほんはつ》のラジオ放送《ほうそう》の第一声《だいいっせい》は、上《うえ》のようなものだったんだよ。

当時《とうじ》はまだ音《おと》を録音《ろくおん》する機械《きかい》がなかったので、当然《とうぜん》すべて生放送《なまほうそう》。雑音《ざつおん》だらけで聞《き》き取《と》りづらかったみたいだけど、テレビもなく、電話《でんわ》もほとんど普及《ふきゅう》していなかったころの人《ひと》たちは、遠《とお》く離《はな》れた人《ひと》の声《こえ》が聞《き》こえてどれほどおどろいたことだろうね。

Part《パート》5でも紹介《しょうかい》したとおり、テレビ放送《ほうそう》が始《はじ》まったのはそれから28年後《ねんご》の1953年《ねん》。そんなふうにして、放送《ほうそう》は文化《ぶんか》の発展《はってん》とともに進化《しんか》していったんだよ。

特別《とくべつ》コラム 「SOS《エスオーエス》」はモールス信号《しんごう》

誰《だれ》かに助《たす》けを求《もと》めるときに「SOS《エスオーエス》」と合図《あいず》を送《おく》ることがあるけど、これはもともとモールス符号《ふごう》による遭難信号《そうなんしんごう》。主《おも》に船《ふね》や飛行機《ひこうき》が危険《きけん》な状態《じょうたい》になったときに、それを知《し》らせるための信号《しんごう》だ。アルファベットの並《なら》びに意味《いみ》はなく、打《う》ちやすく聞《き》き取《と》りやすいからという理由《りゆう》で、世界的《せかいてき》に採用《さいよう》されたんだよ。

いくつかの説《せつ》はあるけど、世界《せかい》で最初《さいしょ》に「SOS《エスオーエス》」の信号《しんごう》を発《はっ》したのは、映画《えいが》『タイタニック』で有名《ゆうめい》な、イギリスのタイタニック号《ごう》が1912年《ねん》に北大西洋沖《きたたいせいようおき》で遭難《そうなん》したときだといわれている。

人々《ひとびと》のくらしを激変《げきへん》させた携帯電話《けいたいでんわ》

携帯電話《けいたいでんわ》は常《つね》に電波《でんぱ》を出《だ》して そのときに最《もっと》も近《ちか》い基地局《きちきょく》を選《えら》ぶ

携帯電話《けいたいでんわ》やスマートフォンを使《つか》えば、さまざまな場所《ばしょ》で通話《つうわ》をすることができるね。家電製品《かでんせいひん》はコンセントにつないで電気《でんき》を通《とお》して動《うご》く。テレビやラジオは、アンテナから電波《でんぱ》を受信《じゅしん》して放送《ほうそう》される。では、携帯電話《けいたいでんわ》はどのようにして通話《つうわ》ができるのだろう?

携帯電話《けいたいでんわ》のサービスエリア内《ない》には、数《すう》kmおきに「基地局《きちきょく》」という場所《ばしょ》がある。この基地局《きちきょく》には、それぞれ120度《ど》ずつの方向《ほうこう》に対応《たいおう》する3本《ぼん》のアンテナが立《た》っていて(4本《ほん》のところもある)、3本《ぼん》で360度《ど》の方向《ほうこう》に対応《たいおう》できるようになっているんだ。

▲基地局《きちきょく》は、みんなの携帯電話《けいたいでんわ》がどこにあるか、常《つね》に把握《はあく》しているよ。

そして、携帯電話《けいたいでんわ》からは常《つね》に微弱《びじゃく》な電波《でんぱ》が発信《はっしん》されている。その電波《でんぱ》を基地局《きちきょく》で受信《じゅしん》してシステムで管理《かんり》することによって、その携帯電話《けいたいでんわ》がどこにあるかをいつでも把握《はあく》しているんだ。

一方《いっぽう》で、基地局《きちきょく》からも携帯電話《けいたいでんわ》に向《む》けて電波《でんぱ》が出《で》ている。その電波《でんぱ》を携帯電話《けいたいでんわ》が受信《じゅしん》することで、通話《つうわ》をするときに最《もっと》も電波《でんぱ》が強《つよ》い無線基地局《むせんきちきょく》を自動《じどう》で選《えら》んで接続《せつぞく》するというしくみなんだよ。

携帯電話同士《けいたいでんわどうし》の通話《つうわ》は 基地局《きちきょく》を通《とお》している

今度《こんど》は、携帯電話《けいたいでんわ》から携帯電話《けいたいでんわ》に電話《でんわ》をかけるときの流《なが》れを説明《せつめい》しよう。携帯電話《けいたいでんわ》に相手《あいて》の電話番号《でんわばんごう》を入力《にゅうりょく》すると、その信号《しんごう》を受信《じゅしん》した基地局《きちきょく》が、まず近《ちか》くにある「移動通信制御局《いどうつうしんせいぎょきょく》」という場所《ばしょ》に情報《じょうほう》を送《おく》る。そうすると、電話《でんわ》をかけた相手《あいて》がいるエリアの移動通信制御局《いどうつうしんせいぎょきょく》に信号《しんごう》が送《おく》られるんだ。

相手《あいて》の携《けい》帯《たい》電《でん》話《わ》も当《とう》然《ぜん》、電《でん》話《わ》をかけたほうと同《おな》じように基《き》地《ち》局《きょく》が電《でん》波《ぱ》を出《だ》して、そのときにいる場《ば》所《しょ》を把《は》握《あく》している。そうして、お互《たが》いが最《もっと》も近《ちか》い基《き》地《ち》局《きょく》を通《とお》して接《せつ》続《ぞく》されるんだよ。

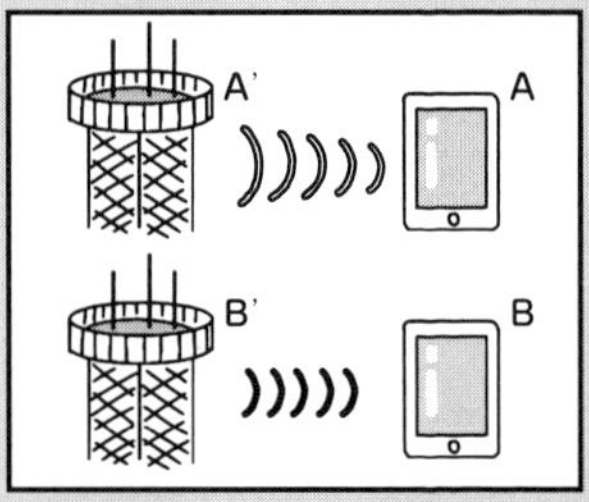

▲Aさんが Bさんに電話《でんわ》をかけると、最寄《もよ》りの基地局《きちきょく》A'に信号《しんごう》が送《おく》られる。その後《あと》、Bさんがいるエリアの移動通信制御《いどうつうしんせいぎょ》局《きょく》に信号《しんごう》が送《おく》られ、Bさんの最寄《もよ》りの基地局《きちきょく》B'を介《かい》して電話《でんわ》がつながるんだ。

つまり、携《けい》帯《たい》電《でん》話《わ》同《どう》士《し》で電《でん》話《わ》をするときは、必《かなら》ずこの基《き》地《ち》局《きょく》を通《とお》して電《でん》波《ぱ》を送《おく》っているんだ。だから、自《じ》分《ぶん》か相《あい》手《て》のどちらか一《いっ》方《ぽう》でも、基《き》地《ち》局《きょく》からの電《でん》波《ぱ》が届《とど》かない場《ば》所《しょ》にいたら通《つう》話《わ》をすることができない。そのため、地《ち》下《か》の深《ふか》いところや、人《ひと》がいない遠《とお》く離《はな》れた場《ば》所《しょ》などでは「圏《けん》外《がい》」になってしまうんだね。

通信速度《つうしんそくど》はどんどん速《はや》く！　携帯電話《けいたいでんわ》でできることが増《ふ》えていった

「3G《スリージー》」や「4G《フォージー》」という言《こと》葉《ば》を聞《き》いたことはあるかな？「G《ジー》」はGeneration《ジェネレーション》（世《せ》代《だい》）のことで、携《けい》帯《たい》電《でん》話《わ》の通《つう》信《しん》システムを表《あらわ》している。数《すう》字《じ》が大《おお》きくなればなるほど、通《つう》信《しん》速《そく》度《ど》も速《はや》くなってきたんだ。

第《だい》1世《せ》代《だい》（1G《ワンジー》）の携《けい》帯《たい》電《でん》話《わ》の通《つう》信《しん》方《ほう》式《しき》はアナログで、通《つう》話《わ》に利《り》用《よう》することがほとんどだった。その後《ご》、第《だい》2世《せ》代《だい》（2G《ツージー》）になり、通《つう》信《しん》方《ほう》法《ほう》がデジタルに変《か》わった。アナログは情《じょう》報《ほう》をそのまま伝《つた》えるのに対《たい》し、デジタルはコンピュータのように情《じょう》報《ほう》をデータに変《か》えて伝《つた》えるんだ。そうして、メールなどができるようになったんだよ。

やがて、3G《スリージー》、4G《フォージー》と進《しん》化《か》して通《つう》信《しん》速《そく》度《ど》は圧《あっ》倒《とう》的《てき》に速《はや》くなり、スムーズにインターネットに接《せつ》続《ぞく》したり、動《どう》画《が》を見《み》たり、ゲームをしたりすることもできるようになった。今《いま》では、5G《ファイブジー》の技《ぎ》術《じゅつ》開《かい》発《はつ》が進《すす》められているんだよ。

電波《でんぱ》を使《つか》うものが増《ふ》えると電波《でんぱ》が足《た》りなくなってしまう!?

そんな便《べん》利《り》な携《けい》帯《たい》電《でん》話《わ》は、急《きゅう》速《そく》に普《ふ》及《きゅう》した。総《そう》務《む》省《しょう》の発《はっ》表《ぴょう》によると、2017年《ねん》3月《がつ》の時《じ》点《てん》で、スマートフォンやPHS《ピーエイチエス》（携《けい》帯《たい》電《でん》話《わ》に似《に》た小《こ》型《がた》の電《でん》話《わ》機《き》）などを合《あ》わせた日《に》本《ほん》における携《けい》帯《たい》電《でん》話《わ》の普《ふ》及《きゅう》率《りつ》は168・4%。一《ひと》人《り》で何《なん》台《だい》か持《も》っている人《ひと》がいるために100%を超《こ》えるのだけど、数《すう》字《じ》上《じょう》は一《ひと》人《り》が一《いち》台《だい》以《い》上《じょう》持《も》っていることになるんだ。さらに、パソコンも一家《いっか》に一台《いちだい》という時代《じだい》になっていて、インターネットを多《おお》くの人《ひと》が利用《りよう》する時代《じだい》になっている。

携帯電話《けいたいでんわ》、テレビ、ラジオ、インターネット……どれも電波《でんぱ》を利用《りよう》している。そして、さまざまなもの同士《どうし》がインターネットでつながるIoT《アイオーティー》（114ページ参照《さんしょう》）時代《じだい》になり、スマート家電《かでん》も徐々《じょじょ》に普及《ふきゅう》していくだろう。さらには、自動車《じどうしゃ》の自動運転《じどううんてん》や道路交通《どうろこうつう》システム、コードがなくても電気《でんき》を受《う》けられるワイヤレス充電《じゅうでん》など、電波《でんぱ》を使《つか》うものが増《ふ》えて続《つづ》けている。でも、電波《でんぱ》はいくらでもあるわけではないし、それぞれに使《つか》う周波数《しゅうはすう》が決《き》められている。電波《でんぱ》を利用《りよう》するものが増《ふ》えれば増《ふ》えるほど、だんだんと電波《でんぱ》は足《た》りなくなってしまうんだ。

多《おお》くの人《ひと》が集《あつ》まる場所《ばしょ》では、電話《でんわ》やインターネットがつながりにくくなる。それは、電波《でんぱ》に限《かぎ》りがあるため、一人《ひとり》に割《わ》り当《あ》てられる電波《でんぱ》が少《すく》なくなるからなんだ。そのように、電波《でんぱ》が足《た》りなくなれば通信速度《つうしんそくど》が落《お》ちて本来《ほんらい》の役割《やくわり》を果《は》たせなくなることがあり、道路交通《どうろこうつう》システムなどでは安全性《あんぜんせい》にも不安《ふあん》が出《で》てきてしまう。

電波《でんぱ》をたくさん利用《りよう》して便利《べんり》になるのはいいけど、同時《どうじ》に電波《でんぱ》が足《た》りなくなっている状況《じょうきょう》をどう解決《かいけつ》するかという課題《かだい》も出《で》てきているんだよ。

▲スポーツ会場《かいじょう》など、人《ひと》がたくさん集《あつ》まる場所《ばしょ》では、携帯電話《けいたいでんわ》がつながりにくくなることがあるよ。

特別《とくべつ》コラム

なんで飛行機《ひこうき》の中《なか》で携帯電話《けいたいでんわ》を使《つか》ってはいけないの？

飛行機《ひこうき》に乗《の》ると、携帯電話《けいたいでんわ》の電源《でんげん》をオフにするか、電波《でんぱ》を発《はっ》しない機内《きない》モードにするようにうながされる。なぜかというと、飛行機《ひこうき》はさまざまな電子機器《でんしきき》と電波《でんぱ》を使《つか》うことで安全《あんぜん》に飛《と》ぶことができていて、それらに影響《えいきょう》を与《あた》えないためなんだ。

携帯電話《けいたいでんわ》は通話《つうわ》やメールをしていなくても常《つね》に電波《でんぱ》を発《はっ》しているから、その電波《でんぱ》が飛行機《ひこうき》と管制塔《かんせいとう》が情報《じょうほう》のやりとりをするための電波《でんぱ》を邪魔《じゃま》したり、操縦器《そうじゅうき》などの電子機器《でんしきき》が誤作動《ごさどう》やトラブルを起《お》こす原因《げんいん》になったりする可能性《かのうせい》がある。飛行機《ひこうき》で携帯電話《けいたいでんわ》を使《つか》ってはいけないのは、みんなの安全《あんぜん》を守《まも》るためなんだ。ただし最近《さいきん》は、離陸時《りりくじ》・着陸時《ちゃくりくじ》を除《のぞ》き、機内《きない》でWi-Fi《ワイファイ》が使《つか》えるサービスを提供《ていきょう》する航空会社《こうくうがいしゃ》も増《ふ》えているよ。

人間《にんげん》ラジコン

みんなたるんでる!
今《いま》のちょうしでは、今年《ことし》もジャイアンズの最下位《さいかい》が目《め》に見《み》えているぞ。
おれひとり名選手《めいせんしゅ》でも、残《のこ》りがボンクラじゃ、どうしようもない。
特訓《とっくん》を始《はじ》めるから、
かくごしろ。
今《いま》から夜《よる》七時《じ》までぶっ通《とお》しだ。とちゅうで帰《かえ》ることはゆるさん。
ウエ〜〜

電気《でんき》クイズQ&A《キューアンドエー》

Q パソコンの「パソ」は何《なん》の略《りゃく》?

①パーソナル ②パーソナリー ③パーソナリティー

A

①パーソナル　パーソナルコンピュータ（Personal Computer《パーソナルコンピュータ》）の略《りゃく》。頭文字《かしらもじ》をとってPC《ピーシー》とも呼《よ》ばれる。

電気《でんき》クイズQ&A《キューアンドエー》

Q 特《とく》に高性能《こうせいのう》のコンピュータを何《なに》コンピュータという？

①スーパー ②ベター ③グッド

A ①スーパー　スーパーコンピュータは、一般的《いっぱんてき》なコンピュータでは難《むずか》しい大規模《だいきぼ》で高度《こうど》な計算《けいさん》を高速《こうそく》でできる。

電気《でんき》クイズQ&A《キューアンドエー》

Q LINE《ライン》やTwitter《ツイッター》、Facebook《フェイスブック》、Instagram《インスタグラム》などをまとめて何《なん》という?

①SLS《エスエルエス》
②SMS《エスエムエス》
③SNS《エスエヌエス》

A ③SNS《エスエヌエス》　インターネットを通《つう》じて人《ひと》とコミュニケーションをとれる「Social《ソーシャル》 Networking《ネットワーキング》 Service《サービス》」の略《りゃく》だよ。

ジャイアンはまだあちこち歩《ある》きまわっているのかな……。
きりがない。
もうやめよう。
いさぎよくジャイアンにあやまろう。
まさか命《いのち》までもとるとはいうまい。
なんでやめるんだよ。もっとやってくれよ!

電気《でんき》を利用《りよう》して動《うご》くコンピュータ

パソコンも一家《いっか》に一台《いちだい》の時代《じだい》 スマートフォンも進化《しんか》している

ここまでに、電気《でんき》がどれほど私《わたし》たちの生活《せいかつ》と密着《みっちゃく》していて、電気《でんき》があるおかげでいかに便利《べんり》になっているかを話《はな》してきたね。さまざまな家電《かでん》で料理《りょうり》や掃除《そうじ》、洗濯《せんたく》ができるようになり、電車《でんしゃ》やエレベーターなど、さまざまな手段《しゅだん》で移動《いどう》できるようになった。電波《でんぱ》によって電話《でんわ》をしたり、テレビを見《み》たりすることもできるようになったね。

そして、最近《さいきん》になって急激《きゅうげき》に進化《しんか》しているものがある。それがコンピュータとインターネットだ。2017年《ねん》の時点《じてん》で、パソコンの世帯《せたい》普及率《ふきゅうりつ》は70％を超《こ》えている。だいたい4軒《けん》に3軒《けん》はパソコンを持《も》っているということになるね。

▲スマホにタブレット、ノートパソコンなどは私《わたし》たちの生活《せいかつ》になくてはならない道具《どうぐ》になっている。

今《いま》はスマートフォンがパソコンのような役割《やくわり》をするようになった。さらに、iPad《アイパッド》に代表《だいひょう》される、パソコンを小型化《こがたか》してタッチパネルで操作《そうさ》できるようにしたタブレット型端末《がたたんまつ》なども普及《ふきゅう》している。そのため、インターネット通信《つうしん》ができる何《なん》らかの機器《きき》を、ほとんどの人《ひと》が持《も》っている時代《じだい》になっているんだ。

電子回路《でんしかいろ》で形成《けいせい》され 電気《でんき》によって超高速《ちょうこうそく》の計算《けいさん》をする

学校《がっこう》でパソコンを使《つか》ったり、タブレット型端末《がたたんまつ》や電子《でんし》黒板《こくばん》で授業《じゅぎょう》を受《う》けたことがあるかな？　みんなのお父《とう》さんやお母《かあ》さんが子《こ》どもだったころには、先生《せんせい》は黒板《こくばん》とチョーク、生徒《せいと》は紙《かみ》の教科書《きょうかしょ》とノートを使《つか》って授業《じゅぎょう》を行《おこな》うのが普通《ふつう》だった。でも今《いま》は、コンピュータが普及《ふきゅう》したことによって授業《じゅぎょう》のやり方《かた》の幅《はば》も広《ひろ》がっているね。

コンピュータというのは、ひと言《こと》でいえば高性能《こうせいのう》の計《けい》算機《さんき》。人間《にんげん》なら何日《なんにち》もかかる計算《けいさん》や情報処理《じょうほうしょり》をあっという間《ま》に行《おこな》うことができ、たくさんの情報《じょうほう》を記憶《きおく》することができるんだ。しかも、その性能《せいのう》は今《いま》も向上《こうじょう》し続《つづ》けていて、そのおかげで社会《しゃかい》のさまざまなことが変《か》わっていったし、これからも変《か》わっていくことが予想《よそう》されているんだよ。

そして、そのコンピュータを動《うご》かしているのも電気《でんき》だ。コンピュータの中《なか》には、たくさんの電子回路《でんしかいろ》を集《あつ》めたI《アイ》C《シー》（集積回路《しゅうせきかいろ》）やLSI《エルエスアイ》（大規模集積回路《だいきぼしゅうせきかいろ》）という、とても小《ち》さな部品《ぶひん》がいっぱい組《く》み込《こ》まれている。それがコンピュータの脳《のう》とも心臓《しんぞう》ともいえ、超高速《ちょうこうそく》の計算《けいさん》やデータ処理《しょり》を可能《かのう》にしているんだ。

さらに、コンピュータは電気《でんき》で信号《しんごう》を伝《つた》えることによって計算《けいさん》や情報処理《じょうほうしょり》をしている。コンピュータの計算法《けいさんほう》は「2進法《しんほう》」といって、0と1の2つのみで数字《すうじ》や情報《じょうほう》を表《あらわ》すんだ。私《わたし》たちが普段使《ふだんつか》っている、0～9で数字《すうじ》を表《あらわ》す「10進《しん》法《ほう》」とは違《ちが》って、電圧《でんあつ》の高《たか》い低《ひく》いで1と0を表《あらわ》すんだけど、それがコンピュータにとっては最《もっと》も速《はや》く効率的《こうりつてき》に計算《けいさん》をすることができる方法《ほうほう》なんだよ。

ちなみに、その計算《けいさん》がどれくらい速《はや》いかというと、日本《にほん》で最《もっと》も計算《けいさん》が速《はや》いスーパーコンピュータは、1秒間《びょうかん》に1京《けい》（1兆《ちょう》の1万倍《まんばい》）回以上《かいいじょう》の計算《けいさん》ができる。改《あらた》めて電気《でんき》のすごさがわかるね。

最初《さいしょ》のコンピュータはゾウより重《おも》かった!?

世界《せかい》で最初《さいしょ》に、今《いま》のような電子式《でんししき》のコンピュータがつくられたのは1939年《ねん》ごろ。アメリカのアイオワ州立《しゅうりつ》大学《だいがく》が開発《かいはつ》した「ABC《エービーシー》マシン」という電子計算機《でんしけいさんき》だった。

続《つづ》いて、1946年《ねん》に同《おな》じくアメリカのペンシルバニア大学《だいがく》で「ENIAC《エニアック》」というコンピュータが製作《せいさく》された。ABC《エービーシー》マシンは実用化《じつようか》されなかったため、こちらを世界初《せかいはつ》のコンピュータという場合《ばあい》もあるんだ。

その後《ご》、1952年《ねん》にアメリカのIBM《アイービーエム》社《しゃ》が「IBM《アイービーエム》701」を発表《はっぴょう》。コンピュータ開発《かいはつ》の初《はじ》めのころは軍事《ぐんじ》利用《りよう》が目的《もくてき》だったけど、徐々《じょじょ》に仕事《しごと》や商業《しょうぎょう》で使《つか》われるようになったんだ。でも当時《とうじ》のコンピュータは、重《おも》さが何《なん》トンもあって（地上《ちじょう》で最《もっと》も重《おも》い動物《どうぶつ》のアフリカゾウより重《おも》かった）、建物《たてもの》の一《ひと》部屋《へや》がすべて埋《う》まるくらいの大《おお》きさだったり、とても熱《あつ》くなるから常《つね》にクーラーで冷《ひ》やしていなければならなかったりと、まだまだ今《いま》のコンピュータにはほど遠《とお》かったんだよ。

▲1952年《ねん》に発表《はっぴょう》された商用《しょうよう》コンピュータ「IBM《アイビーエム》701」。　写真提供／日本IBM

軍事用《ぐんじよう》、商業用《しょうぎょうよう》をへて約《やく》40年前《ねんまえ》にパソコンが誕生《たんじょう》

それからコンピュータは徐々《じょじょ》に小型化《こがたか》され、性能《せいのう》も上《あ》がっていった。1970年代《ねんだい》になると、マイコン（マイクロコンピューター）と呼《よ》ばれる小型《こがた》の演算素子《えんざんそし》（計算《けいさん》を行《おこな》う小《ちい》さな装置《そうち》）が開発《かいはつ》され、やがて個人《こじん》で使《つか》うコンピュータ、つまりパソコン（パーソナルコンピュータ）が登場《とうじょう》したんだ。

世界《せかい》で最初《さいしょ》のパソコンといわれているのは、1977年《ねん》に発表《はっぴょう》された「Apple《アップル》Ⅱ《ツー》」。今《いま》でもパソコンのMac《マック》やスマートフォンのiPhone《アイフォーン》などを販売《はんばい》している超《ちょう》有名《ゆうめい》なアップルが開発《かいはつ》したんだ。アップルなくして、パソコンの歴史《れきし》は語《かた》れないといえるね。

その後《ご》、コンピュータは急速《きゅうそく》な発展《はってん》を遂《と》げ、より小型《こがた》で高性能《こうせいのう》になった。さらに値段《ねだん》も安《やす》くなり、パソコンが家電製品《かでんせいひん》のように一家《いっか》に一台《いちだい》という時代《じだい》になっていったんだよ。

©SSPL/Getty Images

▲パソコンを人々《ひとびと》に身近《みぢか》なものにした「Apple Ⅱ《アップルツー》」。

特別《とくべつ》コラム

日本初《にほんはつ》のコンピュータは、カメラをつくることが目的《もくてき》だった!?

日本初《にほんはつ》のコンピュータは、1956年《ねん》に完成《かんせい》した「FUJIC《フジック》」。カメラなどを製造《せいぞう》している富《ふ》士写真《じしゃしん》フイルム（現在《げんざい》の富士《ふじ》フイルム）が、カメラのレンズ設計《せっけい》を計算《けいさん》するために開発《かいはつ》したんだ。世界初《せかいはつ》は軍事用《ぐんじよう》だったし、実《じつ》はコンピュータというのは意外《いがい》なところから発展《はってん》して、今《いま》のように進化《しんか》していったんだね。

社会《しゃかい》のインフラはコンピュータで制御《せいぎょ》

へえぇっ、人間《にんげん》ラジコン？

いつでもどこでも 世界中《せかいじゅう》とつながるインターネット

さて今度《こんど》は、コンピュータとともに進化《しんか》してきたインターネットの話《はなし》をしよう。複数《ふくすう》のコンピュータをつないで情報《じょうほう》をやりとりするしくみのことを「ネットワーク」という。そして、世界中《せかいじゅう》で接続《せつぞく》できるネットワークのことをインターネットというんだ。

インターネットに接続《せつぞく》していれば、いつでもどこでも世界中《せかいじゅう》とつながることができる。日本《にほん》からアメリカにいる人《ひと》と連絡《れんらく》をとるのも、フランスで今起《いまお》きたニュースを知《し》ることも、一瞬《いっしゅん》でできるんだ。

ネットワーク上《じょう》には、たくさんの「サーバ」というコンピュータがある。サーバは世界中《せかいじゅう》のサーバとつながっていて、情報《じょうほう》やサービスをほかのサーバに提供《ていきょう》しているんだ。私《わたし》たちがパソコンやスマートフォンなどからインターネットに接続《せつぞく》するときには、このサーバと接続《せつぞく》して、そこから世界中《せかいじゅう》のコンピュータと接続《せつぞく》するというしくみになっているんだよ。

サーバには、メールサーバやウェブサーバなど、それぞれ役《やく》割《わり》の異《こと》なるものが多数《たすう》ある。それらのサーバが、互《たが》いに情報《じょうほう》を送《おく》ったり受《う》け取《と》ったりすることで、メールを送受信《そうじゅしん》したり、ウェブサイトを見《み》たりすることができるようになっているんだ。

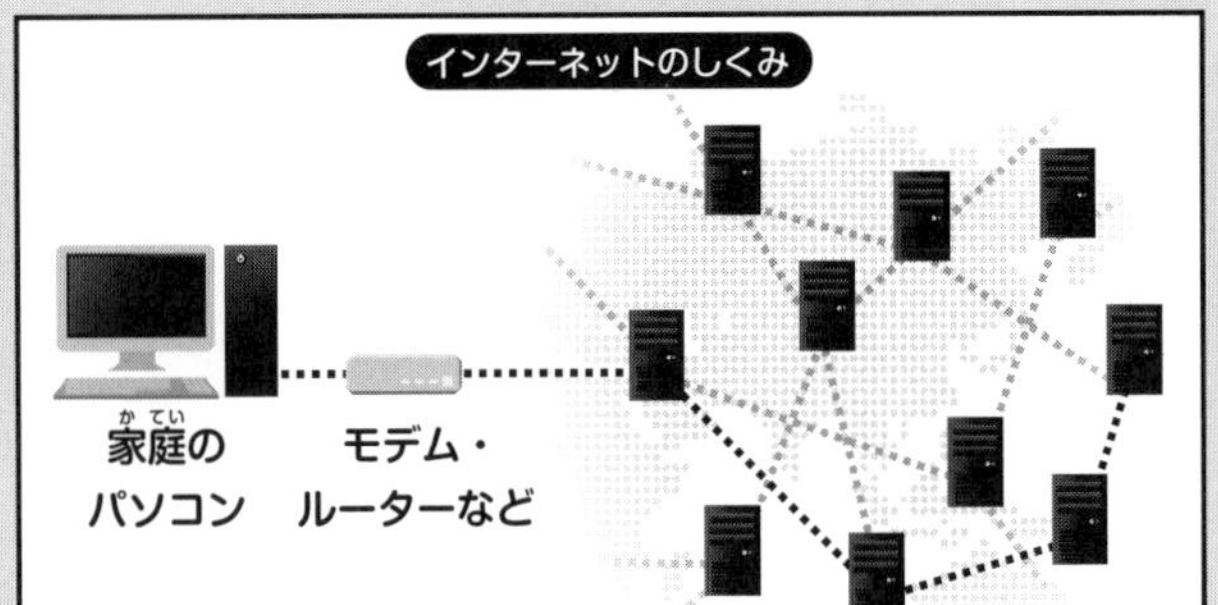
インターネットのしくみ
家庭《かてい》のパソコン
モデム・ルーターなど
サーバ

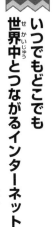

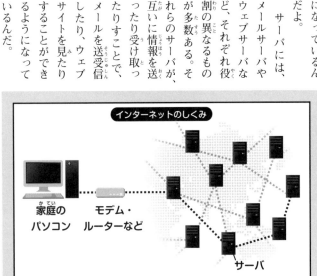

コンピュータの働《はたら》きが私《わたし》たちの生活《せいかつ》を根底《こんてい》から支《ささ》えている

パソコンを持《も》っているか持《も》っていないかにかかわらず、コンピュータは私《わたし》たちの生活《せいかつ》と深《ふか》く関《かか》わっている。なぜなら、身《み》の回《まわ》りにあるものの多《おお》くはコンピュータが管理《かんり》しているからだ。

「インフラ」ということばを聞《き》いたことがあるかな？「インフラストラクチャー」という英単語《えいたんご》の略《りゃく》で、もともとは「下部構造《かぶこうぞう》」という意味《いみ》。生活《せいかつ》や産業《さんぎょう》を成《な》り立《た》たせるために必要《ひつよう》な施設《しせつ》やサービスを指《さ》し、「生活《せいかつ》インフラ」「通信《つうしん》インフラ」などのように使《つか》う。

生活《せいかつ》するうえで欠《か》かせない電《でん》気《き》、ガス、水道《すいどう》などを「生活《せいかつ》インフラ」、携帯電《けいたいでん》話《わ》の基地局《きちきょく》やインターネットの通信回線《つうしんかいせん》などを「通信《つうしん》インフラ」、道路《どうろ》や鉄道《てつどう》などを「交通《こうつう》インフラ」というんだ。

▲鉄道《てつどう》でも、ダイヤの管理《かんり》や速度《そくど》の制限《せいげん》、信号《しんごう》システムなど、あらゆるものをコンピュータで制御《せいぎょ》しているよ。

そして今《いま》、それら社会《しゃかい》インフラのほとんどがコンピュータによって制御《せいぎょ》されている。発電所《はつでんしょ》や電気《でんき》を送《おく》るシステムもコンピュータが動《うご》かしているし、インターネットで世界中《せかいじゅう》に接続《せつぞく》できるのも、電車《でんしゃ》が安全《あんぜん》に走《はし》れるのも、コンピュータがち密《みつ》な調整《ちょうせい》をしているおかげといえる。今《いま》や、コンピュータがなかったら私《わたし》たちの生活《せいかつ》は成《な》り立《た》たないといってもいいくらいだ。

交通《こうつう》システムをコンピュータが制御《せいぎょ》 事故《じこ》を未然《みぜん》に防《ふせ》ぎ、自動運転《じどううんてん》も可能《かのう》に

コンピュータの制御《せいぎょ》システムを最大限《さいだいげん》に利用《りよう》し、これからさらなる発展《はってん》が期待《きたい》されているものの一《ひと》つに、道路《どうろ》交通《こうつう》システムがある。その最新技術《さいしんぎじゅつ》が「ITS《アイティーエス》（高度道路《こうどどうろ》交通《こうつう》システム）」と呼《よ》ばれるもの。高性能《こうせいのう》の情報通信技術《じょうほうつうしんぎじゅつ》を使《つか》って、人《ひと》やもの、道路《どうろ》、自動車《じどうしゃ》をネットワーク化《か》することにより、安全《あんぜん》で快適《かいてき》な道路交通《どうろこうつう》を構築《こうちく》するシステムなんだ。

その中《なか》で、すでによく知《し》られているのがETC《イーティーシー》（電子《でんし》式料金《しきりょうきん》自動収受《じどうしゅうじゅ》システム）。昔《むかし》は高速道路《こうそくどうろ》を利用《りよう》するときに、入口《いりぐち》と出口《でぐち》の料金所《りょうきんじょ》で止《と》まって現金《げんきん》を支払《しはら》わなけ

ればならなかった。しかし今《いま》は、自動車《じどうしゃ》にETC《イーティーシー》カードをセットしておけば、料金所《りょうきんじょ》を通過《つうか》するときに無線通信《むせんつうしん》が行《おこな》われ、自動《じどう》で料金《りょうきん》が支払《しはら》われるようになり、とても便利《べんり》になっているんだ。

ITS《アイティーエス》がさらに進化《しんか》すれば、渋滞《じゅうたい》や故障《こしょう》、事故《じこ》などの可能性《かのうせい》を検知《けんち》して未然《みぜん》に防《ふせ》いだり、安全運転《あんぜんうんてん》を支援《しえん》したりして、自動車《じどうしゃ》の流《なが》れをより安全《あんぜん》でスムーズにすることができるといわれている。さらにそうすることで、省《しょう》エネや環境改善《かんきょうかいぜん》にも効果《こうか》があるんだよ。

そして、高度道路交通《こうどどうろこうつう》システムの究極形《きゅうきょくけい》といってもいいのが、自動運転《じどううんてん》システムの実用化《じつようか》だ。自動車《じどうしゃ》が走《はし》るときには必《かなら》ず運転者《うんてんしゃ》がハンドルやアクセルを操《そう》作《さ》するけど、その運《うん》転《てん》をコンピュータが自《じ》動《どう》でしてくれるというもので、日本《にほん》やアメリカ、ヨーロッパの自動車《じどうしゃ》メーカーを中心《ちゅうしん》に研究《けんきゅう》・開発《かいはつ》が進《すす》められているんだよ。

▲自動運転《じどううんてん》の社会《しゃかい》では、道路交通《どうろこうつう》をコンピュータが制御《せいぎょ》し、渋滞《じゅうたい》や事故《じこ》を未然《みぜん》に防《ふせ》いでくれるんだ。

今《いま》では、運転者《うんてんしゃ》の操縦《そうじゅう》を機械《きかい》が補助《ほじょ》してくれる自動車《じどうしゃ》も、一部実用化《いちぶじつようか》されている。何年《なんねん》か後《ご》には、事故《じこ》がほとんどなく、安全《あんぜん》で環境《かんきょう》にもやさしい交通《こうつう》が実現《じつげん》するかもしれないね。

特別《とくべつ》コラム

電話回線《でんわかいせん》を使《つか》わないインターネット電話《でんわ》

Part《パート》7で、携帯電話《けいたいでんわ》で通話《つうわ》ができるしくみを説明《せつめい》したけど、電話《でんわ》というのは基本的《きほんてき》に電話回線《でんわかいせん》を使《つか》う。それは固定電話《こていでんわ》でも公衆電話《こうしゅうでんわ》でも同《おな》じことだ。しかし、インターネットの進化《しんか》によって、電話回線《でんわかいせん》を使《つか》わなくても電話《でんわ》ができるようになっている。

スカイプや、LINE《ライン》、Facebook《フェイスブック》などの通話機能《つうわきのう》は、電話回《でんわかい》線《せん》ではなくインターネットを利用《りよう》して通話《つうわ》をし、電話番号《でんわばんごう》を必要《ひつよう》としないんだ。そしてそのほとんどが、電話回線《でんわかいせん》を利用《りよう》した電話《でんわ》より安《やす》い料金《りょうきん》で利《り》用《よう》することができるという利点《りてん》があるんだよ。

もしも電気《でんき》がなかったら…

電気《でんき》がなければ夜《よる》も暗《くら》いまま 現代人《げんだいじん》には不可欠《ふかけつ》なもの

私《わたし》たちの生活《せいかつ》の中《なか》で、電気《でんき》がどれだけ利用《りよう》されているか、わかったかな？ 現代人《げんだいじん》にとって、電気《でんき》はなくてはならないものだ。では逆《ぎゃく》に、もし電気《でんき》がなかったら……私《わたし》たちのくらしはどうなってしまうのだろう。あまり考《かんが》えたくないことだけど、身近《みぢか》なことで想像《そうぞう》してみよう。

まず家電製品《かでんせいひん》はすべて使《つか》えなくなる。冷蔵庫《れいぞうこ》で食《た》べ物《もの》や飲《の》み物《もの》を冷《ひ》やせなくなり、エアコンで涼《すず》しくしたり暖《あたた》かくしたりすることもできなくなる。そもそも電灯《でんとう》や蛍光灯《けいこうとう》などの明《あ》かりがないから、夜《よる》は暗《くら》いまま。ろうそくで火《ひ》を灯《とも》すなどで明《あか》るくしなければいけなくなるね。

そして、電話《でんわ》やメールで連絡《れんらく》をとることもできなければ、テレビやラジオも使《つか》えず、情報《じょうほう》を手《て》に入《い》れることができなくなる。移動《いどう》するにも、自動車《じどうしゃ》も電車《でんしゃ》も動《うご》かないから、歩《ある》くか自転車《じてんしゃ》に乗《の》るくらいしか方法《ほうほう》がなくなってしまうね。

日本《にほん》では明治時代《めいじじだい》より前《まえ》には電気《でんき》がなかったし、今《いま》でも世界《せかい》には電気《でんき》をまったく使《つか》わずに生活《せいかつ》している人《ひと》たちだっている。でも、あることが普通《ふつう》になっている今《いま》、もし急《きゅう》に電気《でんき》が使《つか》えなくなったら、日本中《にほんじゅう》が混乱《こんらん》してしまうかもしれないよね。

ふだんの生活《せいかつ》でも停電《ていでん》によって 電気《でんき》が急《きゅう》に使《つか》えなくなる可能性《かのうせい》はある

家《いえ》で突然《とつぜん》、電灯《でんとう》が消《き》えて真《ま》っ暗《くら》になってしまったという経験《けいけん》をしたことはあるかな？ そのように、日々《ひび》の生活《せいかつ》の中《なか》でも急《きゅう》に電気《でんき》が使《つか》えなくなってしまうことがある。それが「停電《ていでん》」という現象《げんしょう》だ。停電《ていでん》の原因《げんいん》として考《かんが》えられるのはいくつかある。発電《はつでん》

所《しょ》や変電所《へんでんしょ》の機械《きかい》が故障《こしょう》したり、どこかで電線《でんせん》が切《き》れたり、電柱《でんちゅう》に雷《かみなり》が落《お》ちたりといった、発電所《はつでんしょ》から家《いえ》まで電《でん》気《き》を届《とど》ける間《あいだ》に何《なん》らかのトラブルがあると、電気《でんき》を流《なが》せなくなることがあるんだ。

それからよくあるのは、ブレーカーが落《お》ちたときだ。ブレーカーとは、簡単《かんたん》にいうと安全装置《あんぜんそうち》。電気《でんき》を使《つか》うどの家《いえ》にもあって、電気《でんき》の流《なが》れる量《りょう》が決《き》められた数値《すうち》を超《こ》えると、配線《はいせん》などが熱《あつ》くなりすぎて危険《きけん》なので、火事《かじ》などの事故《じこ》を防《ふせ》ぐために電気《でんき》が流《なが》れるのを止《と》めるんだ。

たとえば、エアコンとテレビをつけながら、電子《でんし》レンジとドライヤーなどの電力《でんりょく》を多《おお》く消費《しょうひ》するものを同時《どうじ》に使《つか》ったときなど、電力《でんりょく》を使《つか》いすぎるとブレーカーが落《お》ちることがある。

あっ
とまった
バチッ
あら
真《ま》っ暗《くら》！

製品《せいひん》によって変《か》わるけど、おおよその使用《しよう》アンペア数《すう》で例《れい》をあげるね。一般的《いっぱんてき》な家庭《かてい》で契約《けいやく》しているアンペア数《すう》の平《へい》均《きん》は30A《アンペア》。その家《いえ》の中《なか》で、7A《アンペア》のエアコンをつけているときに、15A《アンペア》の電子《でんし》レンジと12A《アンペア》のドライヤーを使《つか》うと、合計《ごうけい》で34A《アンペア》となり、30A《アンペア》を超《こ》える。そこでブレーカーが落《お》ちるんだ。落《お》ちた状態《じょうたい》のままだと電気《でんき》が流《なが》れないので、また電気《でんき》を使《つか》えるように、ブレーカーを再《ふたた》び上《あ》げなくてはいけないんだよ。

停電《ていでん》した瞬間《しゅんかん》はおどろくけど、ブレーカーが落《お》ちても危険《きけん》なことはなく、むしろそれで安全《あんぜん》が守《まも》られているんだ。ただ、ブレーカーが落《お》ちないにこしたことはないから、電気《でんき》の使《つか》いすぎには気《き》をつけようね。

大地震《だいじしん》の影響《えいきょう》で深刻《しんこく》な電力不足《でんりょくぶそく》に……日本中《にほんじゅう》が電気《でんき》の大切《たいせつ》さを痛感《つうかん》した

普段《ふだん》の生活《せいかつ》でも停電《ていでん》の可能性《かのうせい》はあるけど、通常《つうじょう》の停電《ていでん》は一時的《いちじてき》なもの。それはどこかでトラブルがあっても、ほかの変電所《へんでんしょ》から電気《でんき》を送《おく》るなどして対処《たいしょ》できるようになっているからだ。

しかし最近《さいきん》、深刻《しんこく》な電気不足《でんきぶそく》になったことがあった。それが、2011年《ねん》3月《がつ》11日《にち》に起《お》きた東日本大震災《ひがしにほんだいしんさい》の直《ちょく》後《ご》だ。とても大《おお》きなできごとだったから、覚《おぼ》えている人《ひと》はいるんじゃないかな。

1000年《ねん》に一度《いちど》ともいわれる大地震《だいじしん》が日本《にほん》をおそい、

大《おお》きな津波《つなみ》や原子力発電所《げんしりょくはつでんしょ》の事故《じこ》などにより、多《おお》くの人《ひと》が被害《ひがい》を受《う》けた。津波《つなみ》で家《いえ》を流《なが》されてしまったり、家《いえ》のある地域《ちいき》が立《た》ち入《い》り禁止区域《きんしくいき》になったりしてしまった多《おお》くの人《ひと》たちが、学校《がっこう》の体育館《たいいくかん》など、電気《でんき》の来《こ》ない不自由《ふじゆう》な避難所《ひなんじょ》での生活《せいかつ》を強《し》いられた。今《いま》でも避難所《ひなんじょ》で生活《せいかつ》しなくてはならない人《ひと》たちだっているんだ。

さらに、地震《じしん》と津波《つなみ》の影響《えいきょう》でいくつもの発電所《はつでんしょ》が停止《ていし》。一時《いちじ》は東北《とうほく》・関東《かんとう》の広《ひろ》い範囲《はんい》で400万世帯《まんせたい》以上《いじょう》が停電《ていでん》した。この停電《ていでん》でエレベーターの中《なか》に閉《と》じ込《こ》められた人《ひと》もいたし、電車《でんしゃ》が立《た》ち往生《おうじょう》したり、信号機《しんごうき》が止《と》まったりしたところもあったんだ。

その後《ご》も、みんなに届《とど》けるための電気《でんき》が足《た》りなくなった。関東《かんとう》エリア内《ない》では、電気《でんき》が多《おお》く使《つか》われる昼間《ひるま》などの時間帯《じかんたい》に、地《ち》域《いき》を区切《くぎ》って順番《じゅんばん》に停電《ていでん》させる「計《けい》画停電《かくていでん》」を実施《じっし》したんだよ。

ふだんでも、地震《じしん》や台風《たいふう》、雷《かみなり》、雪《ゆき》などの天災《てんさい》によって停《てい》電《でん》することはあるけど、それほど大規模《だいきぼ》な停電《ていでん》や電力不《でんりょくぶ》足《そく》はめったにない。このときに日本中《にほんじゅう》が電気《でんき》の大切《たいせつ》さを改《あらた》めて感《かん》じたんだ。

▲東日本大震災《ひがしにほんだいしんさい》のときの「計画停電《けいかくていでん》」では、道路《どうろ》の信号《しんごう》機《き》などもライトが消《け》されたよ。　写真提供／共同通信社

特別《とくべつ》コラム

停電《ていでん》によって幻想的《げんそうてき》な光景《こうけい》が生《う》まれた!?

スポーツの会場《かいじょう》では、たくさんのライトなど、多《おお》くの電気《でんき》を使《つか》うため、時《とき》には停電《ていでん》することもある。しかし、そんなトラブルでパニックになるどころか、温《あたた》かい雰囲気《ふんいき》に変《か》わったというエピソードがあった。

2018年《ねん》1月《がつ》に台湾《たいわん》で行《おこな》われたフィギュアスケートの世界大《せかいたい》会《かい》において、試合後《しあいご》のエキシビション（勝敗《しょうはい》を競《きそ》わない公開演《こうかいえん》技《ぎ》）中《ちゅう》に会場《かいじょう》が停電《ていでん》。場内《じょうない》は真《ま》っ暗《くら》になって、音楽《おんがく》も止《と》まり、演《えん》技《ぎ》は中断《ちゅうだん》された。でもそのとき、お客《きゃく》さんたちがスマートフォンのライトでリンクを照《て》らして選手《せんしゅ》を励《はげ》ましたんだ。すると、選手《せんしゅ》も大《おお》きな声援《せいえん》と拍手《はくしゅ》に応《こた》え、リンクに登場《とうじょう》。幻想的《げんそうてき》な雰囲《ふんい》気《き》の中《なか》で演技《えんぎ》が行《おこな》われたんだ。

デラックスライト

ガら
右《みぎ》まわり左《ひだり》まわりバックなんでもできる。
おもしろいわね。
ぼくにもやらせて。
どうせたのんでも買《か》ってくれないだろうけど、
でも買《か》ってほしい。
どうしても買《か》いたいのだ。
？
このカメラは新婚旅行《しんこんりょこう》のとき買《か》ったんだよ。
もうこんな古《ふる》いカメラつかってるひといないよ。

電気《でんき》クイズQ&A《キューアンドエー》

Q 電気《でんき》を通《とお》すのはどれ?　①鉛筆《えんぴつ》の芯《しん》　②消《け》しゴム　③ノート

A

①鉛筆《えんぴつ》の芯《しん》　紙《かみ》やゴムは電気《でんき》を通《とお》さないけど、鉛筆《えんぴつ》の芯《しん》の材料《ざいりょう》である黒鉛《こくえん》は電気《でんき》を通《とお》すよ。

これをあてるとなんでもデラックスになる。
ぴか
すごい！
スーパーカーのラジコンだ！
よく走《はし》るなあ。
こらっ！いたずらやめろ！
家《いえ》じゅう走《はし》らせよう。
まだけんかしてる。

電気《でんき》クイズQ&A《キューアンドエー》

Q 電気《でんき》を通《とお》すのはどれ？

①金色《きんいろ》の折《お》り紙《がみ》 ②銀色《ぎんいろ》の折《お》り紙《がみ》 ③どちらも

A

②銀色《ぎんいろ》の折《お》り紙《がみ》　電気《でんき》を通《とお》すアルミニウム箔《はく》を貼《は》っているため。金色《きんいろ》の折《お》り紙《がみ》は電気《でんき》を通《とお》さない塗料《とりょう》がぬられている。

もとのまりちゃんがすきだったの。
じゃ、もどすよ。
こんなかっこうじゃ遊《あそ》べないわ。
もどす。
ぼくのかわいがってたノラを返《かえ》せ！
なんでもデラックスなのがいいというわけでもないらしい。
わたしにないしょでそんな高《たか》いカメラを買《か》ったのね！
きみこそそんな高《たか》い時計《とけい》を！

デラックスなのか
いいというわけでも
ないらしい。

お金《かね》を節《せつ》約《やく》し、環《かん》境《きょう》も守《まも》れる『節《せつ》電《でん》』

人類《じんるい》のエネルギー消費量《しょうひりょう》は増加《ぞうか》し続《つづ》けている

ここまでで、電気《でんき》のことがよくわかってきたかな？ 意識《いしき》していなければ気《き》づきにくいけど、私《わたし》たちの日々《ひび》の生活《せいかつ》ではあらゆるものに電《でん》気《き》が使《つか》われていて、そのおかげでくらしがとても便利《べんり》になっている。スイッチひとつで明《あ》かりやテレビがつき、掃除《そうじ》や洗濯《せんたく》ができるということは、実《じつ》はとてもすごいことなんだ。

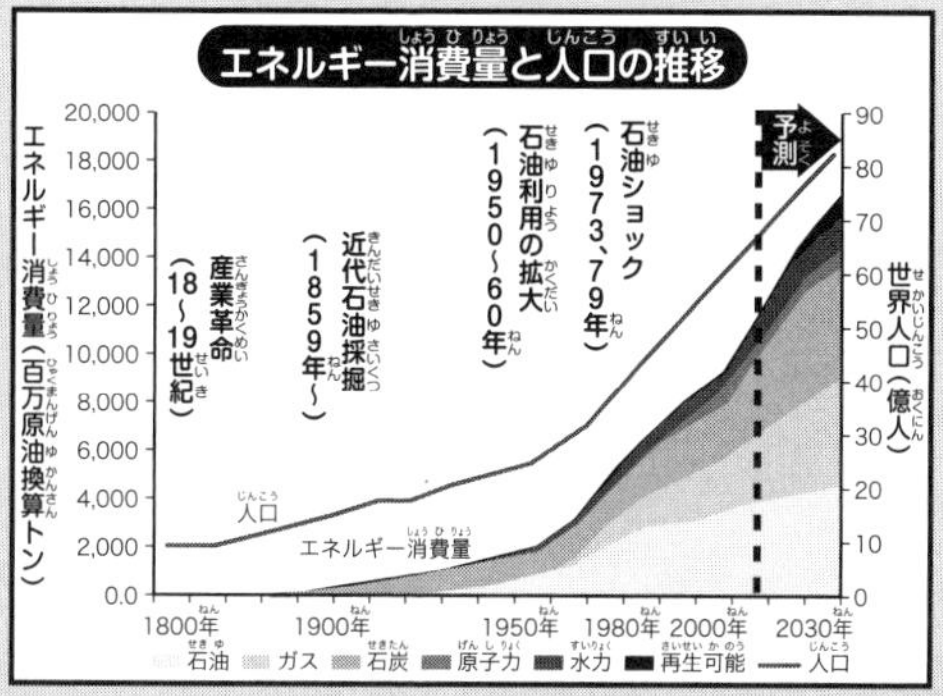

エネルギー消費量《しょうひりょう》と人口《じんこう》の推移《すいい》
エネルギー消費量《しょうひりょう》（百万原油換算《ひゃくまんげんゆかんさん》トン）
20,000
18,000
16,000
14,000
12,000
10,000
8,000
6,000
4,000
2,000
0.0
産業革命《さんぎょうかくめい》（18～19世紀《せいき》）
近代石油採掘《きんだいせきゆさいくつ》（1859年《ねん》～）
石油利用《せきゆりよう》の拡大《かくだい》（1950～60年《ねん》）
石油《せきゆ》ショック（1973、79年《ねん》）
予《よ》測《そく》
人口《じんこう》
エネルギー消費量《しょうひりょう》
世界人口《せかいじんこう》（億人《おくにん》）
90
80
70
60
50
40
30
20
10
0
1800年《ねん》
1900年《ねん》
1950年《ねん》
1980年《ねん》
2000年《ねん》
2030年《ねん》
石油《せきゆ》
ガス
石炭《せきたん》
原子力《げんしりょく》
水力《すいりょく》
再生可能《さいせいかのう》
人口《じんこう》

▲資源《しげん》エネルギー庁《ちょう》ホームページ資料《しりょう》より作成《さくせい》

でも、その便利《べんり》さゆえに、電気《でんき》などをつくるための石《せき》炭や石油《せきゆ》、天然《てんねん》ガスなど、人類《じんるい》がエネルギーを利用《りよう》する量《りょう》は年々《ねんねん》増《ふ》えている。エネルギー消費《しょうひ》の比較《ひかく》をわかりやすくするための単位《たんい》である石油換算《せきゆかんさん》トンで表《あらわ》した場合《ばあい》、世界《せかい》のエネルギー消費量《しょうひりょう》は１９６５年《ねん》に約《やく》38億《おく》トンだったのが、２０１５年《ねん》には約《やく》１３１億《おく》トン。50年前《ねんまえ》と比《くら》べて３・５倍《ばい》以上《いじょう》も増《ふ》えているんだ。

世界《せかい》では人口《じんこう》が増加《ぞうか》し続《つづ》けていて、エネルギーを使《つか》う人《ひと》も機会《きかい》も、もっと増《ふ》えていく可能性《かのうせい》が高《たか》い。このままいくと、世界《せかい》のエネルギー消費量《しょうひりょう》は、２０３０年《ねん》には１９９０年《ねん》の約《やく》2倍《ばい》になると予想《よそう》されているんだよ。

エネルギーは限《かぎ》りあるもの 大切《たいせつ》に使《つか》わなければいけない

みんながたくさん使《つか》うからこそ、エネルギーは大切《たいせつ》にしなければいけない。電気《でんき》やガスなどのもとになる石炭《せきたん》や石油《せきゆ》、天然《てんねん》ガスなどは無限《むげん》にあるわけではないから、

人類《じんるい》が永久《えいきゅう》に使《つか》い続《つづ》けられるとは限《かぎ》らないんだ。

特《とく》に日本《にほん》は、エネルギーのほとんどを輸入《ゆにゅう》に頼《たよ》っている。エネルギーを消費《しょうひ》する量《りょう》は世界《せかい》でも上位《じょうい》なのに、国《こく》内《ない》でつくられているエネルギー資源《しげん》は数《すう》%ほど。だから、エネルギーを使《つか》える量《りょう》や値段《ねだん》が、世界《せかい》の情勢《じょうせい》によって左《さ》右《ゆう》されてしまうことだってあるんだ。

その代表的《だいひょうてき》な例《れい》が、１９７３年《ねん》・１９７９年《ねん》と２度《ど》起《お》きた「石油危機《せきゆきき》（オイルショック）」だ。日本《にほん》が主《おも》に石油《せきゆ》を輸入《ゆにゅう》していた国《くに》で戦争《せんそう》や革命《かくめい》などが起《お》き、輸出《ゆしゅつ》する石《せき》油《ゆ》の値段《ねだん》を上《あ》げた。その影響《えいきょう》を受《う》け、世界中《せかいじゅう》で経済《けいざい》が混《こん》乱《らん》。日本《にほん》ではものの値段《ねだん》が上《あ》がり、生活用品《せいかつようひん》が足《た》りなくなったり、買《か》い占《し》められたりといった騒動《そうどう》が全国各地《ぜんこくかくち》で起《お》きたんだよ。

さらに、Ｐ《パ》ａ《ー》ｒｔ《ト》３でも説明《せつめい》したように、発電量《はつでんりょう》の多《おお》くを占《し》める火力発電《かりょくはつでん》で電《でん》気《き》をつくるためには、石炭《せきたん》や石油《せきゆ》、天然《てんねん》ガスなどの化石燃料《かせきねんりょう》をたくさん燃《も》やす必要《ひつよう》がある。そうすると、二酸化炭素《にさんかたんそ》が多《おお》く発生《はっせい》するんだ。

▲化石燃料《かせきねんりょう》の使用《しよう》や自動車《じどうしゃ》の排気《はいき》ガスなどにより、大気中《たいきちゅう》の二酸化炭素《にさんかたんそ》が増加《ぞうか》。太陽《たいよう》からの熱《ねつ》が逃《に》げていきにくくなり、地球全《ちきゅうぜん》体《たい》が暖《あたた》められる。

二酸化炭素《にさんかたんそ》などは温室効果《おんしつこうか》ガスといって、太陽《たいよう》からの熱《ねつ》を逃《に》がしにくくする性質《せいしつ》があり、これが増《ふ》えると大気《たいき》や海水《かいすい》の温度《おんど》が上《あ》がってしまう。これが地球温暖化《ちきゅうおんだんか》だ。地球温暖化《ちきゅうおんだんか》が進《すす》むと、南極《なんきょく》や北極《ほっきょく》の氷《こおり》が溶《と》けて海水面《かいすいめん》が上昇《じょうしょう》したり、動物《どうぶつ》の住《す》む場所《ばしょ》が減《へ》ったり、異常気象《いじょうきしょう》が起《お》きたりしてしまうんだよ。

くらしが便利《べんり》になっている代《か》わりに、私《わたし》たちはそういった課題《かだい》も抱《かか》えている。これは決《けっ》して他人事《ひとごと》だと思《おも》ってはいけないよ。日々《ひび》、便利《べんり》なものを利用《りよう》しているからこそ、その裏《うら》にある事情《じじょう》を知《し》り、エネルギーの大切《たいせつ》さを意《い》識《しき》することが大事《だいじ》なんだ。

身近《みぢか》なところから省《しょう》エネを考《かんが》えてみよう

では、地球環境《ちきゅうかんきょう》のために自分《じぶん》に何《なに》ができるかを考《かんが》えてみよう。家《いえ》や学校《がっこう》でも、燃《も》えるごみと燃《も》えないごみを分《わ》けたり、リサイクルをしたりしているよね？　それと同《おな》じように、ふだんの生活《せいかつ》の中《なか》でも、地球《ちきゅう》のためにできることはある。その一《ひと》つが、エネルギーの節約《せつやく》や、むだなく上手《じょうず》に使《つか》う「省《しょう》エネ（省《しょう》エネルギー）」だ。

ここまでの説明《せつめい》で、電気《でんき》がどれほど便利《べんり》であるかと同《どう》時《じ》に、電気《でんき》がいかに大切《たいせつ》か、ということもわかってくれたはずだ。電気《でんき》はほとんどが発電所《はつでんしょ》でつくられていて、いま使《つか》っている電気《でんき》は、たった今《いま》つくられて送《おく》られてきたもの。そして、ためておくことがむずかしく、みんながいっせいにたくさん使《つか》えば電気《でんき》は足《た》りなくなってしまう。だからこそ、みんなで電気《でんき》のむだづかいを減《へ》らして協力《きょうりょく》し合《あ》うべきなんだね。

みんなにも今《いま》すぐできる「節電《せつでん》」電気《でんき》を大切《たいせつ》に使《つか》おう！

「節電《せつでん》」ということばは、聞《き》いたことがあるよね？ そう、使《つか》う電気《でんき》の量《りょう》を節《せつ》約《やく》することだ。誰《だれ》もいない部屋《へや》の電気《でんき》を消《け》すことや、テレビをつけっぱなしにしないことなど、みんなにも今《いま》すぐできることはたくさんある。

みんなの家《いえ》でも、電気《でんき》を使《つか》う見返《みかえ》りに電気代《でんきだい》を支払《しはら》っている。電気代《でんきだい》は使《つか》った電力量《でんりょくりょう》に比例《ひれい》するから、電気《でんき》を使《つか》えば使《つか》うほど電気代《でんきだい》も増《ふ》える。電気《でんき》のむだづかいは、お金《かね》のむだづかいにつながってしまうんだよ。

だからこそ、心《こころ》がけたいのが節電《せつでん》だ。節電《せつでん》をすれば、省《しょう》エネになり、地球環境《ちきゅうかんきょう》にもやさしい。そして、お金《かね》を節約《せつやく》することにもなる。みんなが節電《せつでん》をすれば、電気《でんき》が足《た》りなくなるということもなくなるんだ。

家《いえ》や学校《がっこう》で電気《でんき》をむだに使《つか》っているところはないかい？ みんなもふだんから、電気《でんき》の使《つか》い方《かた》を意識《いしき》し、自《じ》分《ぶん》のできる範囲《はんい》から節電《せつでん》をしよう！

特別《とくべつ》コラム

「エネルギー」は何語《なにご》？

運動《うんどう》エネルギーや熱《ねつ》エネルギーなどとして使《つか》われるほかに、「元気《げんき》」などの意味《いみ》をもつ「エネルギー」。そして、エナジードリンクなどでよく聞《き》く「エナジー」。実《じつ》はこの２つのことばは、違《ちが》った読《よ》み方《かた》をするだけで、同《おな》じ意味《いみ》なんだ。エネルギー（energie）はドイツ語《ご》で、エナジー（energy）は英語《えいご》。エネルギーということばは、電気《でんき》などの技術《ぎじゅつ》と一緒《いっしょ》にドイツから日《に》本《ほん》に持《も》ち込《こ》まれ、そのまま定着《ていちゃく》したものなんだよ。

こんなに簡単《かんたん》！「節電《せつでん》」のヒント

エアコンの設定温度《せっていおんど》は適切《てきせつ》に！
誰《だれ》にでも手軽《てがる》にできる節電《せつでん》

節電《せつでん》は、身近《みぢか》なところから手軽《てがる》にできるよ。いくつか例《れい》をあげるので、自分《じぶん》にもできる節電対策《せつでんたいさく》を考《かんが》えてみよう！

●誰《だれ》もいない部屋《へや》や、誰《だれ》も使《つか》っていない廊下《ろうか》や階段《かいだん》の照明《しょうめい》を消《け》す。

●テレビを誰《だれ》も見《み》ていないときには消《け》す。また、明《あか》るさや音量《おんりょう》をなるべく落《お》とす。

↓必要以上《ひつようイじょう》に明《あか》るくしたり音量《おんりょう》を大《おお》きくしたりするのは、目《め》や耳《みみ》にもよくないよ！

●エアコンの設定温度《せっていおんど》を冬《ふゆ》は高《たか》くしすぎず、夏《なつ》は低《ひく》くしすぎないようにする。カーテンを閉《し》めるなどして、冷房《れいぼう》や暖房《だんぼう》が効《き》きやすくする。

●冷蔵庫《れいぞうこ》の扉《とびら》を開《あ》ける回数《かいすう》を減《へ》らし、開《あ》けたらすぐに閉《し》める。また、中《なか》に食《た》べ物《もの》を入《い》れすぎないようにする。

↓開《あ》けっぱなしにすると冷蔵庫《れいぞうこ》の中《なか》の温度《おんど》が上《あ》がり、冷《ひ》やすために電気《でんき》を消費《しょうひ》してしまうし、食《た》べ物《もの》を詰《つ》め込《こ》みすぎると冷《ひ》えが悪《わる》くなるよ！

●早寝早起《はやねはやお》きを心《こころ》がける。

↓電気《でんき》を使《つか》うのは、朝《あさ》や昼間《ひるま》より夜《よる》のほうが多《おお》い。夜《よる》は必要《ひつよう》がなければ早《はや》めに電気《でんき》を消《け》そう。もちろん、早寝《はやね》早起《はやお》きは健康《けんこう》にもいいね！

ここであげたのはあくまでも例《れい》だよ。自分《じぶん》なら何《なに》ができるかを考《かんが》えて、できることから実践《じっせん》してみよう！

コンセントをつないでいるだけでも電気《でんき》を使《つか》っている！

それから、節電《せつでん》で効果的《こうかてき》なのは、使《つか》っていない家電製《かでんせい》

▲家電製品《かでんせいひん》は、スイッチがすべて切《き》られていても、コンセントにつながっていれば微《び》弱《じゃく》な電気《でんき》が流《なが》れている。

品《ひん》のコンセントをこまめに抜《ぬ》くことだ。実《じつ》は家電製品《かでんせいひん》というのは、使《つか》っていなくも、コンセントにつながっているだけで少《すこ》し電気《でんき》を消費《しょうひ》しているんだ。これを「待機電《たいきでん》力《りょく》」というよ。

たとえば、テレビの画面《がめん》が消《き》えていても、エアコンのスイッチが切《き》れた状態《じょうたい》でも、コンセントにつながっていれば待機電力《たいきでんりょく》がかかる。家庭《かてい》で消費《しょうひ》する電力《でんりょく》の5～10％は、待機電力《たいきでんりょく》が占《し》めているといわれているんだ。

家族《かぞく》の人数《にんずう》によって変《か》わるけど、日本《にほん》で1つの家庭《かてい》における電気代《でんきだい》の平均《へいきん》は、1か月《げつ》に約《やく》1万円《まんえん》。そのうち待《たい》機電力《きでんりょく》は数百円《すうひゃくえん》～1000円近《えんちか》くかかっているということになる。1年《ねん》にすると1万円前後《まんえんぜんご》になるね。だから、使《つか》っていないときには、コンセントをこまめに抜《ぬ》くことで節電《せつでん》になるんだ。さらに、コンセントを差《さ》しっぱなしにしておくと、火事《かじ》になる危険性《きけんせい》だってあるんだよ。

だから、毎日使《まいにちつか》うわけではなかったり、短《みじか》い時間《じかん》しか使《つか》わなかったりする家電製品《かでんせいひん》のコンセントは、なるべく抜《ぬ》いておこう。また、長《なが》く外出《がいしゅつ》するときも、コンセントを抜《ぬ》いたり、ブレーカーを落《お》としたりしておいたほうがいいし、エアコンを使《つか》うことが少《すく》ない春《はる》や秋《あき》にはコンセントを抜《ぬ》いておいたほうがいいんだよ。

蛍光灯《けいこうとう》や白熱灯《はくねつとう》に代《か》わって普及《ふきゅう》 次世代《じせだい》の照明器具《しょうめいきぐ》「LED照明《エルイーディーしょうめい》」

世界中《せかいじゅう》で省《しょう》エネの動《うご》きは強《つよ》まっていて、そのやり方《かた》にもさまざまなものがある。また、技術《ぎじゅつ》の進歩《しんぽ》によって、電《でん》気《き》を使《つか》う量《りょう》が少《すく》なくて済《す》む電化製品《でんかせいひん》も多《おお》く開発《かいはつ》されているんだ。

代表的《だいひょうてき》なものの一《ひと》つが、いちばん身近《みぢか》な電気《でんき》といっていい照明器具《しょうめいきぐ》。これまでは蛍光灯《けいこうとう》や白熱電球《はくねつでんきゅう》が一般的《いっぱんてき》だったけど、最近普及《さいきんふきゅう》が進《すす》んでいるのがLED照明《エルイーディーしょうめい》だ。ろうそく、白熱電球《はくねつでんきゅう》、蛍光灯《けいこうとう》に続《つづ》いて、第《だい》4世代《せだい》の明《あ》かりといわれ、照明器具《しょうめいきぐ》の主流《しゅりゅう》になりつつあるんだよ。

LED《エルイーディー》は発光《はっこう》ダイオードといって、電気《でんき》を流《なが》すと光《ひか》る半導体《はんどうたい》のこと。半導体《はんどうたい》はパソコンやスマートフォンなど、最近《さいきん》の家電製品《かでんせいひん》に多《おお》く使《つか》われていて、温度《おんど》や電圧《でんあつ》などの条件《じょうけん》によって電気《でんき》を通《とお》したり通《とお》さなかったりするんだ。その特徴《とくちょう》を利用《りよう》して、半導体《はんどうたい》の中《なか》でプラスの電気《でんき》とマイナスの電気《でんき》がくっつくことによって光《ひかり》を放《はな》つしくみになっているんだよ。

LED《エルイーディー》照明《しょうめい》の消費電力《しょうひでんりょく》は、蛍光灯《けいこうとう》の約半分《やくはんぶん》、白熱電球《はくねつでんきゅう》と比《くら》べるとおよそ20%程度《ていど》といわれていて、電気《でんき》の使用《しよう》量《りょう》を抑《おさ》えられるんだ。また、蛍光灯《けいこうとう》や白熱電球《はくねつでんきゅう》と比《くら》べて寿命《じゅみょう》も圧倒的《あっとうてき》に長《なが》いため、買《か》い換《か》える回数《かいすう》も少《すく》なくて済《す》む。さらには、光《ひか》ってもそれほど熱《あつ》くならないし、ガラス管《かん》を使用《しよう》していないので簡単《かんたん》に割《わ》れることがなく、危険《きけん》性《せい》も少《すく》ないといった利点《りてん》があるんだよ。

さらに今《いま》では、LED《エルイーディー》照明《しょうめい》を利用《りよう》して植物《しょくぶつ》を育《そだ》てている植物《しょくぶつ》工場《こうじょう》もあるんだ。普通《ふつう》、植物《しょくぶつ》は太陽《たいよう》の光《ひかり》をあびて光合成《こうごうせい》をして育《そだ》つよね。しかし、LED《エルイーディー》植物工場《しょくぶつこうじょう》は日光《にっこう》がまったく当《あ》たらない室内《しつない》にある。日光《にっこう》の代《か》わりに、LED《エルイーディー》照明《しょうめい》によって植物《しょくぶつ》の成長《せいちょう》に最適《さいてき》な光《ひかり》を当《あ》てることで、季節《きせつ》や天候《てんこう》を問《と》わず効率《こうりつ》よく、野菜《やさい》などの植物《しょくぶつ》を栽培《さいばい》しているんだよ。

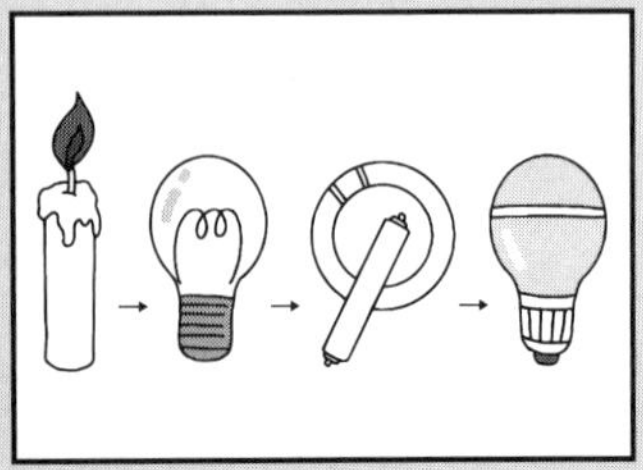
▲ろうそくから白熱電球《はくねつでんきゅう》、蛍光灯《けいこうとう》、LED《エルイーディー》と、照明器具《しょうめいきぐ》も進歩《しんぽ》してきたんだ。

特別《とくべつ》コラム

エアコンは、自動運転《じどううんてん》がいちばんエコ!?

多《おお》くの家庭《かてい》で、夏《なつ》に最《もっと》も電力《でんりょく》を消費《しょうひ》するのがエアコンだ。製《せい》品《ひん》によって変《か》わるけど、エアコンで節電《せつでん》するためには「自動運転《じどううんてん》」モードが最《もっと》も効率的《こうりつてき》だといわれている。夏《なつ》に涼《すず》しくしたいのに、節電《せつでん》しようと思《おも》って弱風《じゃくふう》や微風《びふう》にすると、室《しつ》内《ない》の温度《おんど》を下《さ》げるのに多《おお》くの時間《じかん》がかかってしまい、かえって電気《でんき》をむだにしてしまうんだって。

特《とく》に新《あたら》しいエアコンには、エコモードや節電《せつでん》モードなどがあって、自動《じどう》で節電《せつでん》や省《しょう》エネをしてくれるものも多《おお》い。さらには、人《ひと》の動《うご》きや体温《たいおん》などを検知《けんち》する機能《きのう》が搭載《とうさい》されていて、自動《じどう》でそのときに人《ひと》が最《もっと》も快適《かいてき》に感《かん》じるような動《うご》きをしてくれるものもあるんだ。

▲最新《さいしん》のエアコンには、人《ひと》のいる場所《ばしょ》や動《うご》きや体温《たいおん》を検知《けんち》して、重点的《じゅうてんてき》に冷《ひ》やしたり、強弱《きょうじゃく》をつけたりする機能《きのう》が搭載《とうさい》されている。

『電《でん》気《き》』の未来《みらい》はどうなる？

省《しょう》エネの代表選手《だいひょうせんしゅ》 家庭《かてい》で発電《はつでん》できる「エネファーム」

「エネファーム」ということばを知《し》ってるかな？ 最《さい》近《きん》、CM《シーエム》や広告《こうこく》で見《み》たり聞《き》いたりしたことがあるかもしれないね。エネファームとは「家庭用燃料電池《かていようねんりょうでんち》コージェネレーションシステム」の愛称《あいしょう》で、「エネルギー」と「ファーム（農場《のうじょう》）」を組《く》み合《あ》わせたもの。農作物《のうさくぶつ》をつくるように、家庭《かてい》で電気《でんき》とお湯《ゆ》を同時《どうじ》につくれるしくみだ。

燃料電池《ねんりょうでんち》とは、水素《すいそ》と酸素《さんそ》で電《でん》気《き》をつくることができる発電装《はつでんそう》置《ち》のことで、水《すい》素《そ》で走《はし》る燃料電《ねんりょうでん》池車《ちしゃ》にも使《つか》われている。家庭《かてい》でお湯《ゆ》をわかしたり、料理《りょうり》をしたりするときに使《つか》うガスから水素《すいそ》を取《と》り出《だ》し、それを空気中《くうきちゅう》の酸素《さんそ》と化学反応《かがくはんのう》させることによって発電《はつでん》するんだ。そして、その電気《でんき》はもちろん、発電《はつでん》によって発生《はっせい》した熱《ねつ》でお湯《ゆ》もつくって、その両方《りょうほう》を使《つか》うという、まさに一石二鳥《いっせきにちょう》のしくみなんだよ。

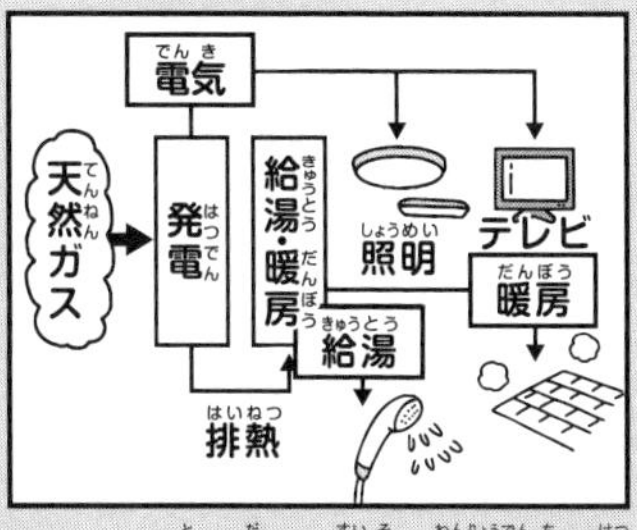

▲ガスから取《と》り出《だ》した水素《すいそ》で燃料電池《ねんりょうでんち》が発《はつ》電《でん》、その電気《でんき》を照明《しょうめい》などに使《つか》うほか、排熱《はいねつ》で給湯《きゅうとう》なども行《おこな》う「エネファーム」のしくみ。

節電《せつでん》を目的《もくてき》として開発《かいはつ》されていて、もちろんいちばんのメリットは省《しょう》エネ。そして、家《いえ》で電気《でんき》をつくることができるので、電気代《でんきだい》を減《へ》らすことができるんだ。また、発《はつ》電量《でんりょう》や二酸化炭素《にさんかたんそ》を減《へ》らせた量《りょう》が表示《ひょうじ》されるので、省《しょう》エネを数字《すうじ》で確認《かくにん》することができるんだよ。

まだ導入《どうにゅう》している家庭《かてい》はそれほど多《おお》くないけど、だんだんと性能《せいのう》が上《あ》がって、値段《ねだん》も下《さ》がっている。国《くに》をあげてエネファームの普及《ふきゅう》を推進《すいしん》していて、今後《こんご》が期待《きたい》されているんだよ。

新《あら》たな電力《でんりょく》ネットワークとして 期待《きたい》される「スマートグリッド」

また、新《あら》たな電力《でんりょく》ネットワークの開発《かいはつ》も進《すす》められてい

る。それが、「スマートグリッド（次世代送電網《じせだいそうでんもう》）」と呼《よ》ばれるもの。「スマート」は、スマートフォンやスマート家電《かでん》と同《おな》じように「賢《かしこ》い、利口《りこう》な」という意味《いみ》で使《つか》われていて、「グリッド」は「電力網《でんりょくもう》」という意味《いみ》だ。

スマートグリッドは、今《いま》も進化《しんか》し続《つづ》けている情報技術《じょうほうぎじゅつ》を活用《かつよう》することによって、エネルギーの需要《じゅよう》や消費量《しょうひりょう》をネットワークでやりとりし、効率《こうりつ》よく電気《でんき》を送《おく》れるようにするしくみのこと。電気《でんき》を使《つか》う家庭《かてい》や会社《かいしゃ》、工場《こうじょう》などにスマートメーターという電力計《でんりょくけい》を取《と》りつけ、消費《しょうひ》される電力量《でんりょくりょう》を電力会社《でんりょくがいしゃ》がリアルタイムで受《う》け取《と》って管理《かんり》することで、電力供給《でんりょくきょうきゅう》にともなうむだを減《へ》らすことができるんだ。

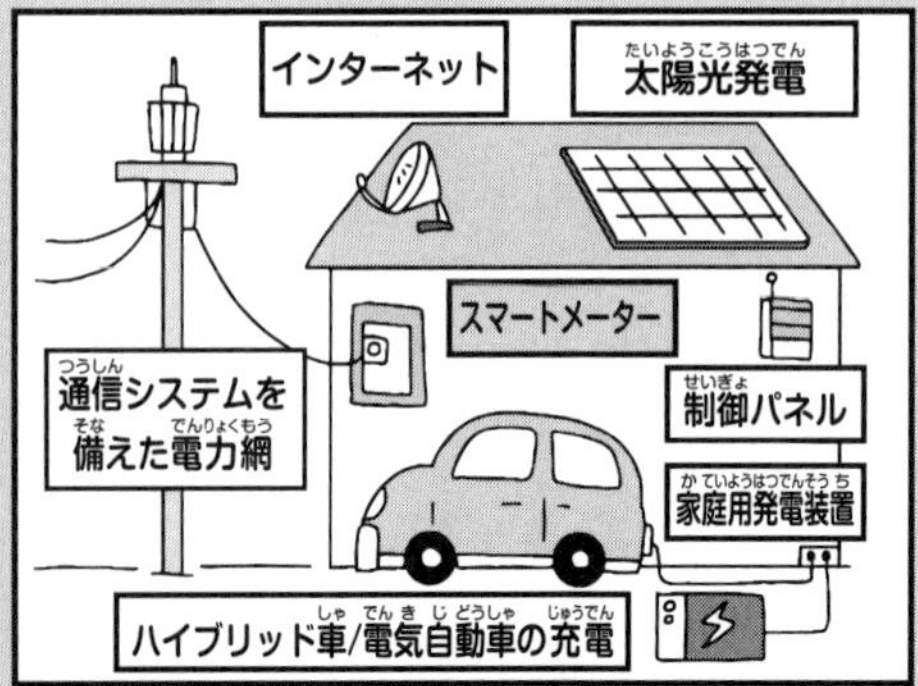

インターネット
太陽光発電《たいようこうはつでん》
スマートメーター
通信《つうしん》システムを備《そな》えた電力網《でんりょくもう》
制御《せいぎょ》パネル
家庭用発電装置《かていようはつでんそうち》
ハイブリッド車《しゃ》/電気自動車《でんきじどうしゃ》の充電《じゅうでん》

▲「スマートメーター」を中心《ちゅうしん》に、効率的《こうりつてき》に電気《でんき》を利用《りよう》するスマートグリッドのイメージ。

Part《パート》3で説明《せつめい》したように、再生可能《さいせいかのう》エネルギーは、自然《しぜん》の力《ちから》を利用《りよう》しているため地球環境《ちきゅうかんきょう》にやさしく、世界中《せかいじゅう》で注目《ちゅうもく》されている。その再生可能《さいせいかのう》エネルギーを有効活用《ゆうこうかつよう》するためには、スマートグリッドの構築《こうちく》が必要《ひつよう》だといわれているんだ。

イギリスやフランスでは、すでにスマートメーターの導入《どうにゅう》が義務化《ぎむか》されている。日本《にほん》でもこれからスマートグリッドが普及《ふきゅう》し、今《いま》より上手《じょうず》に電気《でんき》を使《つか》うようになることが期待《きたい》されているんだよ。

病院《びょういん》でも電気《でんき》が活躍《かつやく》！ 電磁波《でんじは》で病気《びょうき》を見《み》つけることも

病院《びょういん》や健康診断《けんこうしんだん》で、エックス線検査《せんけんさ》を受《う》けたことがあるかな？　体《からだ》の中《なか》を検査《けんさ》するために、体《からだ》の表面《ひょうめん》が透《す》けて骨《ほね》が見《み》えた写真《しゃしん》を撮《と》ることができる技術《ぎじゅつ》だ。そこで使《つか》われるエックス線《せん》も、電波《でんぱ》などと同《おな》じ電磁波《でんじは》の一種《いっしゅ》なんだよ。

今《いま》では、体《からだ》の中《なか》を断面《だんめん》から撮影《さつえい》することができるCT《シーティー》スキャン（コンピュータ断層撮影《だんそうさつえい》）や、臓器《ぞうき》や血管《けっかん》などをはっきりと画像化《がぞうか》できるMRI《エムアールアイ》（核磁気共鳴映像法《かくじききょうめいえいぞうほう》）などを使《つか》って、より高度《こうど》な検査《けんさ》や診断《しんだん》ができるようになった。こうした技術《ぎじゅつ》を利用《りよう》することによって、これまでなら見《み》つけることがむずかしかった病気《びょうき》を見《み》つけたり、より早《はや》く見《み》つけて治療《ちりょう》したりすることができるようになったし、患者《かんじゃ》の痛《いた》みや負担《ふたん》も減《へ》らすこともできているんだ。

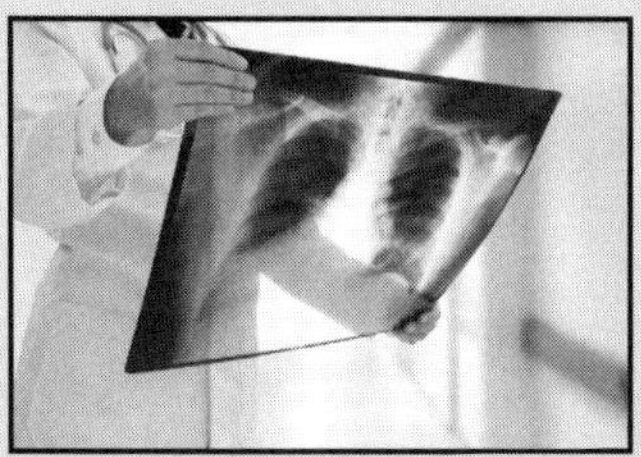
▲エックス線写真《せんしゃしん》による診断《しんだん》は、医療《いりょう》の世界《せかい》で広《ひろ》く活用《かつよう》されているよ。

そして、医療《いりょう》の現場《げんば》でも「スマート化《か》」が急速《きゅうそく》に進《すす》んでいる。その代表例《だいひょうれい》が「スマート治療室《ちりょうしつ》」。手術室内《しゅじゅつしつない》の機器《きき》がネットワークであらゆる情報《じょうほう》を共有《きょうゆう》することによって、より正確《せいかく》で安全《あんぜん》な手術《しゅじゅつ》ができるようになると期待《きたい》されているんだ。すでにスマート治療室《ちりょうしつ》のモデルが設置《せっち》されるなど、研究《けんきゅう》・開発《かいはつ》が進《すす》められているよ。

ほかにも、体《からだ》の痛《いた》みを直《なお》したり和《やわ》らげたりするため、体《からだ》の中《なか》に電気《でんき》を流《なが》す（もちろん感電《かんでん》しないくらいの弱《よわ》い電流《でんりゅう》だよ）電気《でんき》治療《ちりょう》や低周波《ていしゅうは》治療《ちりょう》といった治療法《ちりょうほう》もある。古《ふる》くからは、電気《でんき》を流《なが》したお湯《ゆ》の中《なか》に入《はい》る電気《でんき》風呂《ぶろ》というものもあり、これは肩《かた》こりや腰痛《ようつう》などに効果《こうか》があるといわれているんだ。

このように、電気《でんき》は医学《いがく》の進歩《しんぽ》にも大《おお》きく貢献《こうけん》していて、電子《でんし》技術《ぎじゅつ》の応用《おうよう》はこれからさらに進《すす》んでいくことが予想《よそう》されているんだよ。

特別《とくべつ》コラム

地球《ちきゅう》の中《なか》にも電気《でんき》が流《なが》れている!?

方位磁石《ほういじしゃく》の針《はり》は必《かなら》ず北《きた》を指《さ》す。これは、地球《ちきゅう》が大《おお》きな磁石《じしゃく》であり、北極《ほっきょく》がＳ極《エスきょく》、南極《なんきょく》がＮ極《エヌきょく》になっているからなんだ。そして、なぜ磁石《じしゃく》になっているのかというと、まだ調《しら》べきれていなくて謎《なぞ》に包《つつ》まれている部分《ぶぶん》が多《おお》いのだけど、地面《じめん》の下《した》のマントルよりずっと深《ふか》くにある「核《かく》」というところで発電《はつでん》をしていて、その電気《でんき》が磁石《じしゃく》の力《ちから》を生《う》み出《だ》しているといわれているんだ。

また、北極《ほっきょく》や南極《なんきょく》などで観察《かんさつ》される神秘的《しんぴてき》な現象《げんしょう》のオーロラは、太陽《たいよう》からくる電気《でんき》を帯《お》びた粒子《りゅうし》の流《なが》れが、地球《ちきゅう》の磁石《じしゃく》の影響《えいきょう》を受《う》けることで発生《はっせい》するんだよ。

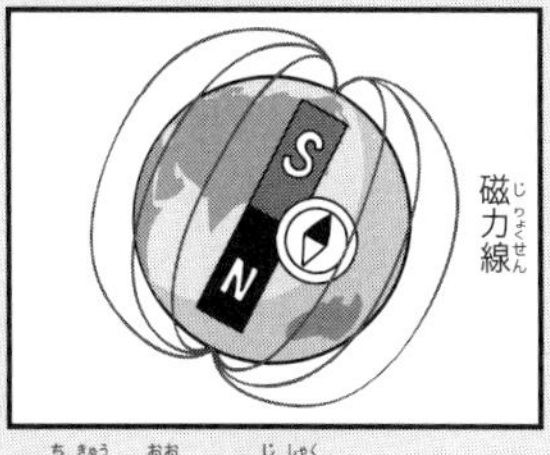

▲地球《ちきゅう》は大《おお》きな磁石《じしゃく》になっている。北極《ほっきょく》がＳ極《エスきょく》なので、方位磁針《ほういじしん》のＮ極《エヌきょく》は必《かなら》ず北《きた》を向《む》くことになる。

あとがき

「電気《でんき》の時代《じだい》」のあり方《かた》を考《かんが》えるのは人間《にんげん》

早稲田大学理工学術院教授《わせだだいがくりこうがくじゅついんきょうじゅ》
近藤圭一郎《こんどうけいいちろう》

1968年《ねん》、東京都《とうきょうと》生まれ。早稲田大学理工学部電気工学科卒業《わせだだいがくりこうがくぶでんきこうがくかそつぎょう》。財団法人鉄道総合技術研究所《ざいだんほうじんてつどうそうごうぎじゅつけんきゅうじょ》にて鉄道車両用主回路《てつどうしゃりょうようしゅかいろ》システムの研究開発《けんきゅうかいはつ》に従事《じゅうじ》した後《あと》、2007年《ねん》より千葉大学《ちばだいがく》。千葉大学大学院工学研究院教授《ちばだいがくだいがくいんこうがくけんきゅういんきょうじゅ》を経《へ》て、2018年《ねん》より早稲田大学理工学術院教授《わせだだいがくりこうがくじゅついんきょうじゅ》。博士《はくし》（工学《こうがく》）、技術士《ぎじゅつし》（機械部門《きかいぶもん》、総合技術監理部門《そうごうぎじゅつかんりぶもん》）。専門分野《せんもんぶんや》は電動機制御《でんどうきせいぎょ》、パワーエレクトロニクスなど。編著書《へんちょしょ》に『鉄道車両技術入門《てつどうしゃりょうぎじゅつにゅうもん》』（オーム社《しゃ》）がある。

私《わたし》が皆《みな》さんと同《おな》じかそれより小《ちい》さいころのある夜《よる》、父《ちち》の運転《うんてん》する車《くるま》で高速道路《こうそくどうろ》を走《はし》っていました。その道路《どうろ》の照明灯《しょうめいとう》はすべて消《き》えていて、車《くるま》のヘッドライトが照《て》らすところ以外《いがい》は真《ま》っ暗《くら》でした。私《わたし》が父《ちち》になぜ照明《しょうめい》が消《き》えているのか尋《たず》ねたところ、父《ちち》は、電気《でんき》は石油《せきゆ》からつくられていること、その石油《せきゆ》のほとんどを外国《がいこく》から買《か》っていること、その石油《せきゆ》を売《う》る国《くに》で戦争《せんそう》が起《お》き、日本《にほん》が石油《せきゆ》を買《か》えなくなるかもしれないことなどを教《おし》えてくれました。幼《おさな》かった私《わたし》は、このまま日本中《にほんじゅう》が真《ま》っ暗《くら》になるかもしれないと、怖《こわ》くなりました。

そして、2011年《ねん》に東日本大震災《ひがしにほんだいしんさい》が起《お》こり、いくつもの発電所《はつでんしょ》が止《と》まり、電気《でんき》が足《た》りなくなるおそれが出《で》てきました。そこで、4時間《じかん》で時間《じかん》を区切《くぎ》り、地域《ちいき》ごとに順番《じゅんばん》に電気《でんき》の供給《きょうきゅう》を止《と》める「計画停電《けいかくていでん》」が行《おこな》われました。そんなある夜《よる》、電車《でんしゃ》の窓《まど》から広《ひろ》がる真《ま》っ暗《くら》な街《まち》を見《み》て思《おも》い出《だ》したのは、子《こ》どものころに真《ま》っ暗《くら》な高速道路《こうそくどうろ》を父《ちち》の車《くるま》で走《はし》っていたときの光景《こうけい》でした。

今《いま》は、私《わたし》が子《こ》どものころのようなことが起《お》こらないよう、電気《でんき》をつくる燃料《ねんりょう》は、石油《せきゆ》、石炭《せきたん》、天然《てんねん》ガスといろいろな種類《しゅるい》のものが使《つか》われ、石油《せきゆ》がつくる電気《でんき》は全体《ぜんたい》の30%程度《ていど》まで減《へ》りました。しかし、それでも石炭《せきたん》も天然《てんねん》ガスも外国《がいこく》から買《か》っていることに変《か》わりはありません。ただ、いろいろな燃料《ねんりょう》をいろいろな国《くに》から買《か》うことで、一《ひと》つの国《くに》や地域《ちいき》から燃料《ねんりょう》が買《か》えなくなっても、昔《むかし》のように電気《でんき》がすぐに足《た》りなくなる心配《しんぱい》はなくなりました。

その一方《いっぽう》、今度《こんど》は地球全体《ちきゅうぜんたい》で考《かんが》えると、これらの燃料《ねんりょう》はいつかは掘《ほ》ることができなくなるおそれが出《で》てきました。また、電気《でんき》をつくるときはこれらの燃料《ねんりょう》を燃《も》やしますが、そのとき同時《どうじ》に二酸化炭素《にさんかたんそ》が発生《はっせい》します。二酸《にさん》

これをあてるとなんでもデラックスになる。
ぴか

化炭素《かたんそ》の量《りょう》が増《ふ》えると、地球全体《ちきゅうぜんたい》の気温《きおん》が上《あ》がり、北極《ほっきょく》や南極《なんきょく》の氷《こおり》が解《と》け、海面《かいめん》の高《たか》さが上《あ》がり、水没《すいぼつ》する陸地《りくち》が出《で》てくるともいわれています。このようなことを防《ふせ》ぐために、石油《せきゆ》や、石炭《せきたん》、天然《てんねん》ガスを燃《も》やすことなく、太陽《たいよう》の光《ひかり》や、風《かぜ》の力《ちから》などで電気《でんき》をつくる「自然《しぜん》エネルギー発電《はつでん》」が期待《きたい》されています。

しかし、これらは電気《でんき》をつくるのにお金《かね》がかかるうえ、一時《いっとき》にそれほど多《おお》くの電気《でんき》はつくれないため、これだけでは地球《ちきゅう》で必要《ひつよう》な電気《でんき》をまかなうことはできません。ですから、皆《みな》さんの子《こ》どもや、孫《まご》、そしてその子《こ》どもたちが、電気《でんき》のある便利《べんり》な生《せい》活《かつ》を続《つづ》けるためには、同時《どうじ》に電気《でんき》を使《つか》う量《りょう》を減《へ》らすことが重要《じゅうよう》です。この問題《もんだい》にはまだ答《こた》えが見《み》つかっていません。これは誰《だれ》かが考《かんが》えてくれることではなく、皆《みな》さんが長《なが》い時間《じかん》をかけて考《かんが》え続《つづ》け、少《すこ》しずつ問題《もんだい》を解決《かいけつ》していくしかないと思《おも》います。

私《わたし》が大学《だいがく》を出《で》て会社《かいしゃ》に入《はい》ったとき、世《よ》の中《なか》にはまだインターネットもメールも携帯《けいたい》電話《でんわ》もありませんでした。そのころ、会議《かいぎ》をするには、参加《さんか》する人《ひと》の都合《つごう》を一人《ひとり》ひとり電話《でんわ》で聞《き》き、皆《みな》が参加《さんか》できる日《ひ》を決《き》め、その日付《ひづけ》を紙《かみ》に書《か》いたものを、電話回線《でんわかいせん》を使《つか》って送《おく》る「ファクシミリ」という装置《そうち》で、一人《ひとり》ひとりに送《おく》っていました。また、人《ひと》と外《そと》などで待《ま》ち合《あ》わせをするときは、場所《ばしょ》と時間《じかん》を正確《せいかく》に決《き》めて必《かなら》ず会《あ》えるようにしたものでした。今《いま》では会議《かいぎ》に参加《さんか》する人《ひと》に予定《よてい》を聞《き》くのも、E《イー》メールで一斉《いっせい》に尋《たず》ねることができます。会議《かいぎ》の日時《にちじ》が決《き》まったらE《イー》メールで参加《さんか》する人《ひと》に一斉《いっせい》に送《おく》ることで、昔《むかし》に比《くら》べて随分短《ずいぶんみじか》い時間《じかん》と、少《すく》ない手間《てま》で会議《かいぎ》の日《ひ》にちや時間《じかん》、そして場所《ばしょ》を決《き》めて知《し》らせることができるようになりました。また、人《ひと》と待《ま》ち合《あ》わせをする場合《ばあい》に、もし急《きゅう》に予《よ》定《てい》が変《か》わり、約束《やくそく》の時間《じかん》に遅《おく》れそうになっても、どこからでも携帯電話《けいたいでんわ》で相手《あいて》と連絡《れんらく》を取《と》ることができるようになりました。このように電気《でんき》を使《つか》って情報《じょうほう》をやり取《と》りする技術《ぎじゅつ》を「情報技術《じょうほうぎじゅつ》」と呼《よ》び、これを英訳《えいやく》したInformation《インフォメーション》 Technology《テクノロジー》の頭文字《かしらもじ》を取《と》って「IT《アイティー》」などと呼《よ》びます。

25年前《ねんまえ》、携帯電話《けいたいでんわ》がパソコンのような役割《やくわり》をするようになるとは思《おも》いもしませんでしたし、インターネットで情報《じょうほう》の収集《しゅうしゅう》だけでなく、情報《じょうほう》の発信《はっしん》まで行《おこな》えるようになるとも思《おも》いませんでした。私《わたし》が会社《かいしゃ》に入《はい》ったころの仕事《しごと》の手間《てま》を思《おも》うと、本当《ほんとう》に便利《べんり》な世《よ》の中《なか》になりました。そして、将来《しょうらい》は「人工知能《じんこうちのう》」と呼《よ》ばれる、人間《にんげん》のように経験《けいけん》したことなどから新《あたら》しい考《かんが》え方《かた》などを生《う》み出《だ》す機能《きのう》も実現《じつげん》されるといわれています。インターネットが世《よ》の中《なか》を大《おお》きく変《か》えたように、皆《みな》さんが大人《おとな》になって社会《しゃかい》で活躍《かつやく》するころには、人工知能《じんこうちのう》が世《よ》の中《なか》を変《か》えているかもしれません。すなわちそれは、違《ちが》うところで起《お》きていることを同時《どうじ》に考《かんが》え、次《つぎ》にどうするべきかを電気《でんき》が決《き》めてくれる時代《じだい》です。でも、インターネットも人工知能《じんこうちのう》も、それを使《つか》うのは人間《にんげん》です。大事《だいじ》なことは、インターネットや人工知能《じんこうちのう》は仕事《しごと》や生活《せいかつ》を豊《ゆた》かにする手段《しゅだん》であって、これらを使《つか》うことが目的《もくてき》ではないということです。これらを使《つか》うことで、将来《しょうらい》、どのように世《よ》の中《なか》をつくっていくかを考《かんが》えるのは、大《おお》きくなった皆《みな》さんの仕事《しごと》だと思《おも》います。

ビッグ・コロタン⑮⑨

ドラえもん科学《かがく》ワールド
―電気《でんき》の不思議《ふしぎ》―

STAFF

●まんが　藤子・F・不二雄
●監修　近藤圭一郎（早稲田大学教授）
藤子プロ
●編　小学館　ドラえもんルーム
●構成　葛原武史・藤沢三毅（カラビナ）　石川遍
●デザイン　東光美術印刷
●装丁　有泉勝一（タイムマシン）
●イラスト　前野コトブキ
●校正　株式会社エディット
●資材　木戸　礼
●販売　藤河秀雄
●制作　酒井かをり
●宣伝　阿部慶輔
●編集　四井寧

参考文献

『電気のクライシス』(ながいのりあき・恵志泰成／小学館)　『電気の図鑑』(理科教育研究会／技術評論社)　『リニア中央新幹線のすべて』(川島令三／廣済堂出版)　『よくわかる電気のしくみ』(電気技術研究会／ナツメ社)　『プロが教える 電気のすべてがわかる本』(谷腰欣司監修／ナツメ社)　『トコトンやさしい電波の本』(相良岩男／日刊工業新聞社)　『トコトンやさしい発電・送電の本』(福田遵／日刊工業新聞社)　『面白いほどよくわかる電気のしくみ』(山内ススム／日本文芸社)　『面白いほどよくわかる電車のしくみ』(所澤秀樹監修／日本文芸社)　経済産業省資源エネルギー庁ホームページ　NTT東日本ホームページ　NTTドコモ ホームページ　JR東海ホームページ　東京電力エナジーパートナー ホームページ　東北電力ホームページ　中部電力ホームページ　中国電力ホームページ　四国電力ホームページ　電気事業連合会ホームページ　電波産業会電磁環境委員会ホームページ　日本民営鉄道協会ホームページ　パナソニック ホームページ　三菱重工業ホームページ　山梨県立リニア見学センター ホームページ

2018年4月23日　初版第1刷発行
2022年5月1日　　第8刷発行

●発行人　杉本隆
●発行所　株式会社　小学館
〒101-8001　東京都千代田区一ツ橋2-3-1
編集●03-3230-5400
販売●03-5281-3555
●印刷所　大日本印刷株式会社
●製本所　株式会社　若林製本工場
Printed in Japan

ISBN978-4-09-259159-2